A L'AISE
DANS LA BARBARIE

Essai sur le traumatisme
et la pulsion de mort

MARC NACHT

A L'AISE
DANS LA BARBARIE

*Essai sur le traumatisme
et la pulsion de mort*

BERNARD GRASSET
PARIS

A la mémoire de mon père.

« Je suis bien conscient que la période de
floraison de notre science a brusquement
pris fin, que nous sommes entrés dans une
mauvaise époque et qu'il ne peut plus s'agir
que de conserver le feu dans des foyers
épars, à l'état de braises, jusqu'à ce qu'un
vent favorable nous permette d'en ranimer
la flamme. »

SIGMUND FREUD (25 décembre 1914).

« Abrégeons à dire que ce que nous avons
vu émerger, pour notre horreur, représente
la réaction de précurseurs par rapport à ce
qui ira en se développant comme conséquence du remaniement des groupements
sociaux par la science, et nommément de
l'universalisation qu'elle introduit. »

JACQUES LACAN (9 octobre 1967).

« — Non, répondis-je, je pense que
l'image de l'inanimé vient se plaquer sur la
quiétude du corps et des sens apaisés,
comme si quelque malédiction insistait à
mal dire un temps de jouissance. »

SERGE LECLAIRE.

Croyances et idéologies semblent aujourd'hui s'effondrer. Notre époque est de désillusion. Les tentatives de ranimer quelque idéal paraissent dérisoires : l'annonce de la mort de Dieu fut vite suivie de celle de l'humanisme avant d'aboutir au constat d'échec du communisme. Enfin, on s'interroge de plus en plus sur le bien-fondé de la science dont les trouvailles instrumentent de nouvelles barbaries.

En psychanalyse, la perte des illusions et des idéalisations ramène, en général, au principe de réalité. Notre époque aurait donc atteint l'âge de la maturité. D'après les résultats, on peut en douter. Par bien des aspects, les faits politiques et sociaux comportent une part régressive. Mais toute régression n'est pas dénuée du sens d'une certaine réalité. On peut même dire que la régression va droit au réel et qu'elle tend à l'établissement d'un court-

circuit entre le sujet et le réel. *Précisons dès main-tenant que nous donnons ici au mot* réel *la valeur conceptuelle promue par Lacan du non-subjectivable en matière d'existence. Au niveau de notre perception corporelle, le réel se confond avec le trauma, c'est-à-dire avec l'effraction, la blessure.*

Force est de constater la fascination que le trauma exerce sur l'humanité : lorsqu'elle ne l'interroge pas et renonce à en faire un objet de pensée religieuse, philosophique ou scientifique, elle l'agit et se l'impose dans une infinie répétition. Le trauma fait bien partie de ce que Nietzsche désignait comme l'éternel retour du même.

Cette fascination pour le traumatisme tend à se confondre avec celle exercée par la mort. Bien que la relation de cause à effet entre trauma et mort soit évidente, elle ne suffit pas à expliquer cette conjonction. La mort n'est pas le « réel » du trauma, seul le cadavre en a la qualité. Mais le cadavre n'est pas désiré. Ce qui unit le traumatisme à l'idée de mort doit être recherché dans la plus insaisissable des pulsions dont Freud avait soutenu l'hypothétique existence sous le nom de pulsion de mort.

C'est la mise en œuvre de la pulsion de mort ainsi que les diverses voies empruntées par elle que nous tenterons d'appréhender dans la singularité de notre époque, dominée par la rapidité et la permanence de l'information sur les événements traumatiques dans un contexte général de désinvestissement des « valeurs » de la civilisation occidentale.

Le lecteur pourrait espérer qu'on lui livre une sorte de carte d'activité de la pulsion de mort en regard d'événements particuliers. Pour éclairante que puisse être une telle récollection, elle nous a paru courir le risque de privilégier une ligne interprétative tout en sombrant dans l'anecdotique. Nous lui avons préféré l'exploration des multiples articulations du traumatisme et de la pulsion de mort.

I

« LE CHARME ÉTRANGE DU FIL DE L'EAU »

« C'est un train pour le *Domaine d'Arnheim.* » L'aspirant Grange gagnait son régiment dans les Ardennes en 1939. Celui qui écrivait « J'avais vingt ans lorsque l'ombre du mancenillier commença à s'allonger sur nous : c'est cette année-là que le nazisme explosa... » ne fait aucune allusion à ce que le jeune homme mobilisé pour la « drôle de guerre » avait éprouvé en apprenant les accords de Munich, sinon qu'un peu plus tard, « embarqué dans cette guerre qui tournait à petit bruit, au point mort, il ne songeait pas à rechigner à la besogne possible, mais il ne participait pas... »

De Moriarmé où était établi le commandement en bordure de la Meuse, Grange fut affecté à la maison forte des Hautes-Falizes. Le hameau le plus proche se nommait l'Eclaterie. L'aspirant le tra-

15

versa avant de découvrir son poste, un blockhaus en lisière de forêt dont le tir battait une petite route conduisant à la frontière belge. Rien d'extraordinaire jusque-là. Les Allemands sont loin ; on doute même qu'ils se risquent un jour dans ce piège militaire que sont les Ardennes. Grange pourrait être tranquille, et d'ailleurs il l'est. Pourtant, ce qu'il perçoit et décrit marque le sentiment d'une insidieuse invasion : celle d'une nature si proche, si présente, que l'on pourrait s'y endormir comme dans un conte de fées, « la clairière était comme une île au milieu de la menace vague qui semblait monter de ses bois noirs ». Les choses prennent un relief particulier lorsque Grange essaie l'instrument de visée de son canon antichar : « Le gros œil rond avec les deux fins traits de rasoir de son œillère semblait s'ouvrir sur un autre monde, un monde silencieux et intimidant, baigné d'une lumière blanche, d'une évidence calme. » C'est alors qu'il marmonne : « stupide », mais ne se voit littéralement pas « regarder au bout de son bras sa main nerveuse ». Son corps semble coupé de lui-même comme sous ce trait de rasoir dont le réticule de la lunette de visée découpe un monde devenu presque indissociable de son œil, avec cette évidence calme qu'il n'y a plus de réelle frontière entre lui, Grange, et cet univers dont la menace s'abolit dans une lumière blanche. Lentement, inexorablement, dans l'attente d'un ennemi qui tarde à se présenter, le jeune officier épouse son environnement de fougères (Ah, les fougères aigles !), de bois et de roches exhalant une lancinante odeur d'humus. Une femme, fille, elfe qu'il rencontre sous la pluie, l'attire à elle, sylphide sans passé et sans avenir. Au retour d'une de ses rondes quotidiennes, le voilà qui s'assoit sur un banc de pierre, « dans la lumière déjà jaunie, au milieu de l'énorme cirque de bois empli d'une chaleur plombée, d'un jour tamisé d'aquarium », et comme il se demandait ce qu'il attendait ici, « Le monde lui paraissait soudain inexprimablement étranger, indifférent, séparé de lui par des lieues. Il lui semblait que tout ce qu'il avait sous les yeux se liquéfiait, s'absentait, évacuait cauteleusement son apparence encore intacte au fil de la rivière louche, huileuse, et désespérément, intarissable, s'en allait — s'en allait ».

Son capitaine lui fait part d'une possibilité de mutation dans ce qu'il convient d'appeler « une planque ». Grange la refuse : « Je me plais ici. » Mais au retour d'une brève permission à Paris, il fait un rêve où il se voit pendu à une branche élevée avec au-dessous de lui Mona, son amie des bois, elle aussi pendue et dont les « légères convulsions » lui font éprouver « une volupté jamais ressentie » ; « l'exercice périlleux s'acheva dans l'indécence finale qu'on attribue aux pendus ». Eros est là, soudé à la mort, en une « communication exquise » répondant de près au fantasme que la censure militaire saurait, en ouvrant son courrier, qu'avec Mona « il vivait nu ». Et les vagues de la blonde chevelure de Mona, l'attente, le déferlement des vagues amoureuses, se retrouvent dans la conviction qui s'empare de Grange d'être « mobilisé dans une armée rêveuse » où « on eût dit que le monde tissé par les hommes se défaisait maille à maille : il ne restait qu'une attente pure, aveugle, où la nuit d'étoiles, les bois perdus, l'énorme vague nocturne qui se gonflait et montait derrière l'horizon vous dépouillait brutalement, comme le déferlement des vagues derrière la dune donne soudain l'envie d'être nu ». Nu aussi devant les lourdes silhouettes grises des blindés allemands, qui évoquent Fafner, le monstre mythique, remis au monde par la technique, dont il contemple les profils sur une planche de documentation, « craignant d'être surpris comme s'il avait feuilleté des photographies obscènes ». « *Weird* », songe-t-il alors, « car le français ici n'avait pas de mot... » *Weird*, un mot inventé, entre *Weib*, la femme, et *Weide*, la pâture — image obscène parce qu'elle condense le sexe et la mort — d'une femme soumise à pâture par le gardien vert, le *Waldhüter*, le *Schlafhüter* de Wagner dont Julien Gracq place en épigraphe de son récit quelques vers du *Parsifal*.

Ainsi aveuglé Grange ne pourra pas voir l'œil du monstre, panzer ou simple mortier dont l'obus frappera le « *balcon en forêt* ». Il emportera sa blessure et peut-être sa mort dans la maison désertée de Mona ; sur le lit de Mona où déjà il avait si bien trouvé la grande vague, la déferlante surgie de ce corps d'enfant, devenue aujourd'hui comme dans leurs jeux d'hier, sa « veuve ».

Le récit de Julien Gracq, comme tous les grands textes, fait résonner la voix du destin. Il nous laisse dans l'émotion froide que l'on éprouve en face de l'inéluctable. Pas une seule fois pourtant, Grange ne paraît souhaiter la mort. Il l'habite comme un locataire ignorant de son terme. Il l'occupe d'un regard qui se charge de la neutralité incisive des objets jusqu'à ne plus exister séparément de ce qu'il voit. La fascination exercée par la nature n'est qu'une apparence, en fait Grange se coule dans l'hétérogénéité des choses jusqu'à ne plus éprouver la douleur de leur rencontre. Comme Grange le dit à son capitaine, il se plaît ici ; si bien même que la menace de mort qui pèse sur lui et sur ses quatre compagnons (hommes parmi les hommes) s'estompe dans les lointains de la vallée où fleurit dans les nuées vespérales le semis écarlate des explosions.

Un balcon en forêt décrit d'une manière tout à fait remarquable la subtilité des défilés empruntés par la pulsion de mort et ses manifestations discrètes. Il y a d'abord la présence, implicite, en arrière-plan, des circonstances qui amenèrent Grange sur la rive d'un délire si masqué que seule la note sur la censure militaire pourra paraître un peu « bizarre » au lecteur. Cet arrière-plan est historique, il est mentionné dans un autre ouvrage de l'auteur dont j'ai cité les sombres pressentiments, et se retrouve dans l'espèce de dégoût apathique dont fait montre Grange. L'arrière-plan comporte déjà la faiblesse symbolique, ou « crise des valeurs » dont la traduction politique était, en Allemagne la montée du nazisme, à laquelle répondirent, comme un symptôme, les accords de Munich et l'impréparation des démocraties.

Grange se trouve donc déjà au bord d'une rupture, délire ou délinquance militaire, dès le début du livre. Lorsque, en grand lecteur d'Edgar Poe, il compare le premier paysage qui s'offre à lui au *Domaine d'Arnheim*, c'est pour une forme douce du délire qu'il paraît opter : celle, étrange dans les circonstances, de la vie pastorale et de l'amour d'une femme. Curieusement, c'est son capitaine qui par la suite devinera le versant délinquant de l'affaire, lorsqu'il répond à l'aspirant, accroché à son poste : « Je ne déteste pas faire la guerre avec des gens qui ont choisi leur façon de déserter. »

Tout est donc en place pour que le traumatisme moral de Grange, issu de l'effondrement des valeurs symboliques, se transforme en perception du trauma à l'état pur, ce qui confère au monde environnant son caractère d'inquiétante étrangeté. Que Grange s'y plaise, comme il dit, est effectivement sa manière de déserter par une fuite en avant face à l'angoisse. Mais il est important de remarquer sur quel mode s'effectue cette fuite, qui au lieu de prendre la forme clinique du déni de la réalité, se manifeste par une sorte d'hyperprésence des choses. En fait, ce que nous appelons la réalité, et qui n'est autre que le produit de notre organisation symbolique du monde, a quitté Grange, ce qui précipite ce dernier dans le réel.

C'est ainsi que le réel, si habilement décrit par Julien Gracq, n'est que l'anamorphose du trauma vécu par son héros. Le réel est indissociable du traumatisme qui en est l'effet, de même que le traumatisme ne peut que ré-évoquer le réel qui a été sa cause.

Le paradoxe vécu par Grange réside dans le sentiment hédonique qu'il éprouve au contact de la rencontre avec ce qu'il avait toute raison de vouloir éviter, le traumatisme précisément. Ce paradoxe trouve son explication dans l'existence de la pulsion de mort, telle que Freud en fit l'hypothèse, c'est-à-dire d'une pulsion mettant en œuvre l'aspiration de tout être vivant à mettre fin aux tensions produites par l'existence. Plus loin, nous aurons l'occasion d'y revenir et de développer cette très importante notion. Grange, en tout cas, nous montre bien les formes prises par cette pulsion lorsque le trauma et le heurt avec le réel en actualisent et en font prévaloir la force.

Il est toutefois impossible d'aller plus loin dans l'analyse de la pulsion de mort et de ses relations complexes avec le traumatisme et la répétition, dont nous n'avons pas encore abordé la problématique, sans réévaluer ce qu'il en est à partir des données de la psychanalyse. Comme tout ce qui concerne le fonctionnement psychique, un tel exposé orienté vers la recherche ne saurait faire l'économie de la complexité des phénomènes mis en jeu, complexité qu'il nous faudra également reconnaître dans l'impact social de la pulsion de mort.

C'est ainsi que nous commencerons par décrire une forme de résistance rencontrée très banalement au cours d'analyses, ce qui nous conduira à placer en perspective certaines orientations de Freud. L'étude du traumatisme, par exemple, nous amènera à prendre en considération la conviction qu'avait Freud d'un héritage phylogénétique, c'est-à-dire d'une transmission non consciente, de génération en génération, des effrois de l'humanité.

II

A L'OMBRE DE LA CLINIQUE

Il arrive souvent qu'au cours de son analyse, tel ou telle évoque la certitude d'avoir subi un traumatisme important dont il lui est, malgré ses efforts, impossible de se souvenir. De nombreuses séances tourneront alors autour de cette recherche. Elle s'accompagne d'une tension croissante, douloureuse. Ainsi mise au premier plan sur le mode de la réminiscence, l'absence de souvenir pouvant se rapporter à une scène bien identifiable est vécue comme un échec. Bientôt, la psychanalyse sera remise en question, son utilité discutée puisqu'elle ne parvient pas à permettre l'élucidation de cet événement, cause de tous les maux aussi bien actuels que passés. Ce même sentiment d'échec peut se traduire par le rejet massif d'une quête, renvoyée par le sujet lui-même au rang de fantasme entretenu par la situation analytique.

L'évocation du traumatisme peut donc être considérée comme une forme particulière de résistance dont on pourrait dire qu'elle traduit aussi bien l'excès que le défaut d'un certain « objet » psychique. La particularité de ce que je nomme ici « objet » — pour le distinguer d'une représentation ou d'un affect[1], et bien que ce terme ne corresponde pas à son acception habituelle en psychanalyse — est de coïncider avec l'expression paradoxale d'un manque d'explication, de représentativité, d'histoire.

Le phénomène que je viens de décrire sommairement peut très bien être interprété comme relevant d'un fantasme hystérique de violence sexuelle ; il peut également être tenu pour une formation typiquement obsessionnelle exprimant le sentiment d'un vide subjectif. Mais qu'il s'inscrive dans telle ou telle structure n'autorise en rien à faire l'économie d'une interrogation sur ce qui se manifeste si souvent au cours des analyses avec la dureté d'un corps étranger dont la densité et l'invisibilité évoquent ces anciennes étoiles que l'on appelle des trous noirs.

Entre les deux positions de Freud sur l'étiologie de l'hystérie — la première considérant que celle-ci provient des réactions à un traumatisme réellement subi dans l'enfance[2] ; la seconde, l'expliquant par la formation d'un fantasme secondaire au refoulement d'une excitation sexuelle — une troisième voie a peut-être été insuffisamment explorée. Elle concerne la prise en compte par le psychisme d'événements ne s'étant pas directement produits dans la vie du sujet[3].

Bien que l'on en retrouve l'évocation tout au long de l'œuvre freudienne, l'effectivité de ce type de transmission « phylogénétique » est demeurée en arrière-plan de la théorie psychanalytique[4]. On ne s'y réfère guère que pour rattacher la forclusion psychotique aux secrets de famille issus de drames précédant d'au moins trois générations l'éclosion de la maladie.

La béance symbolique qui marque si fortement la psychose ne saurait cependant être réduite à cette seule aliénation. A des degrés moindres, elle participe de l'état dit normal, c'est-à-dire celui des névroses supportables. Des réminiscences diffuses, aux parfums d'étrangeté, semblent parfois témoigner de l'existence de tels arrière-plans psychiques. Elles paraissent liées à des identifications discrètes, rémanentes, issues des ombres de l'histoire. Ainsi, ce qu'éprouvait Freud lorsqu'il écrivait à Ferenczi : « Je sens en moi d'étranges élans secrets — dus peut-être à mon héritage ancestral — pour l'Orient et la Méditerranée[5]. » Pareil sentiment peut évidemment être réduit à l'expression d'un désir de conquête et de découverte associé à une filiation prestigieuse[6]. Mais bien que cette interprétation paraisse « raisonnable », c'est-à-dire ici en harmonie avec la théorie faisant du rêve l'expression du désir, Freud donne plutôt à entendre que les fantasmes de ce genre proviendraient d'une sorte de réminiscence de l'ancestral.

Cette hypothèse, portant sur l'existence en chacun de nous de fragments d'inscriptions psychiques remontant à la nuit des temps, ressurgit sporadiquement mais avec une grande persistance dans les écrits de Freud. Il ne cesse, en fait, d'en affirmer la validité et l'utilise comme un véritable point d'appui pour expliquer la persistance de fantasmes et même de comportements dont la provenance semble tout à fait étrangère à l'histoire du sujet. La peur de subir la castration, par exemple, proviendrait d'une mémoire des temps où les pères primitifs auraient réellement procédé de cette manière sur leurs fils. C'est ainsi qu'en donnant « libre cours à son imagination, l'enfant comble seulement, à l'aide de la vérité préhistorique, les lacunes de la vérité individuelle[7] ».

De telles conjectures ont vite été rejetées dans les oubliettes de la pensée psychanalytique au même titre que celles concernant les phénomènes parapsychologiques dont Freud s'était fort préoccupé. Jones, on le sait, tançait son maître sur ces spéculations dont l'évocation aurait, pensait-il, « retardé l'assimilation de la psychanalyse en Angleterre[8] ».

Dans l'ensemble, tout ce qui pouvait ainsi se rapporter à des contenus psychiques irrationnels, parce que supposant une transmission ne correspondant pas aux données spatio-temporelles du sujet de la perception, fut éliminé au même titre que la réalité d'une séduction sexuelle précoce dans l'étiologie de l'hystérie. Le parallèle est étrange mais il donne à réfléchir sur les trajets de la négation lorsque celle-ci concerne des perceptions engageant le sujet sur des voies où pourrait surgir, comme par effraction, trop de réel. Si l'observateur psychanalyste se porte ainsi garant d'un imaginaire que le traumatisme menace d'éclatement, et si cette action expose parfois au risque d'une autre brisure, celle du réel consubstantiel au trauma, la question ne se pose-t-elle pas, aujourd'hui comme hier, de ce qui sans cesse peut venir faire retour de ces évacuations, là où, pour reprendre une formule chère à Freud, « un noyau de vérité » viendrait gripper la machine ?

Tout comme le grain de sable évoqué par Pascal, le noyau de vérité freudienne procède du surgissement dans la réalité (c'est-à-dire dans un monde déjà symbolique) d'un élément du réel, là où ce réel peut être défini comme faisant obstacle aux processus psychiques — où il est « l'impossible » selon l'expression de Lacan.

Une des représentations de ce réel est l'*inerte*, dont Freud, par extrapolation du principe de conservation de l'énergie[9], déduit l'existence de la pulsion de mort. Cette représentation limite est en correspondance avec le traumatisme, le trauma, la blessure, indiquant le passage du vivant à l'inerte sous la forme de l'effraction à laquelle se réduit l'image du corps. Les psychoses nous donnent l'exemple de la manière dont un sujet peut vivre ce trop de réel. L'image du corps y vole en éclats lorsque le délire ne reconstitue pas de façon imparfaite l'intégrité psycho-corporelle défaite par le trauma.

Aussi la psychose apparaît-elle comme un des plus énigmatiques systèmes de défense élaboré en réaction à une situation qui fut insupportable au sujet. Le délire paranoïaque reprend à sa manière, extensive quant aux objets, « exquise » quant à la persécution qu'en éprouve le sujet, la réaction qui, en son temps, n'a pas eu lieu en protestation d'une blessure qualifiable de narcissique.

La « réalité » paranoïaque concerne le sujet. Elle est, pour lui, ce qui le cause et devient vite sa cause. Quérulents, procéduriers et confabulateurs plaident, agissent ou inventent dans le cadre inépuisable du procès qui, enfin, les libérerait de l'insupportable assujettissement où les a réduits la frustration, l'insulte, le dol dont ils furent victimes. Aussi ne cessent-ils de s'adresser à l'Autre et de tenter de le saisir, tout à la fois comme le responsable de leur état et comme celui qui pourrait les en délivrer.

Comme dans toute psychose, l'événement auquel on peut attribuer le déclenchement de la maladie s'est vu apposer une signification et une existence trop immédiates[10]. Il vient représenter l'Autre si massivement pour le sujet que ce dernier ne peut lui trouver l'issue « normale » ou névrotique d'une relativisation par le fantasme. C'est, paradoxalement, la présence de ce réel qui donne l'impression d'un retrait par rapport à la réalité. Il y a perte d'accommodation dans la vision de cette dernière à la manière dont, par effet de grossissement excessif, les granulosités d'un mur en viendraient à dominer jusqu'à l'effacer le dessin d'une fresque. Les mots sont alors traités comme des choses car ils en sont envahis. Ils cessent alors de dire pour *être*, occupant, saturant l'espace du sujet.

Le délire s'oppose au refoulement car il parle ce réel dont il est issu tout en s'efforçant de lui échapper au moyen d'un labyrinthe de constructions baroques. Le délire a pour fonction de permettre au sujet de devenir acteur de ce réel traumatique grâce à sa propre mise en scène. C'est, écrivait Kraepelin, ainsi que le rappelle Lacan dans sa thèse de doctorat, « une véritable caricature égocentrique de sa situation dans les rouages de la vie[11] ».

La construction délirante apparaît donc très vite sous l'angle d'une fonction de défense, beaucoup plus rigide que celle érigée par la névrose, parce qu'élaborée en réaction à une menace plus importante. Elle met, en effet, immédiatement en cause les capacités du sujet à assumer, non seulement des idées mais des perceptions, vécues comme très dangereuses parce que menaçant l'équilibre complexe des références et des repères, aussi bien directement sensoriels qu'idéatifs, qui sont à la base du sentiment d'identité psychique.

Toutefois le délire, opposé au réel contre lequel il tente de dresser sa barrière d'illusions, répond au même type de travail que le travail intellectuel à la différence près qu'il se trouve beaucoup plus centré sur l'élimination des perceptions endopsychiques déplaisantes. Mais si l'on veut bien reconsidérer la cause première du délire, c'est l'impossibilité d'agir afin de modifier ou d'accepter un élément de la réalité qui a été aspiré par un trou au niveau de sa symbolisation, qui pousse le sujet vers une tentative purement psychique d'effacement de ce qui en est venu à représenter, absolument, son facteur d'aliénation. Ce « pas » à côté du réel s'effectue donc en symétrie inverse au « pas » de la pensée. Freud le donnait d'ailleurs à entendre lorsqu'il évoquait le traumatisme vécu par l'humanité au cours de la période glaciaire comme étant à l'origine de l'apparition de la conscience en même temps que se formaient les premières réactions névrotiques[12]. Suivant son hypothèse, ce seraient également ces traumatismes qui auraient été à l'origine du langage issu des premiers refoulements[13].

Le traumatisme évoqué par Freud est un événement « darwinien » : il provoque la sélection naturelle et mobilise les facultés d'adaptation de l'espèce[14]. Le langage fait évidemment partie d'une adaptation réussie permettant de mieux contrôler le biosystème et d'agir sur ce dernier plus efficacement, même si la « contrepartie » en est la dépense occasionnée par le refoulement. Il peut paraître incongru de mesurer l'adaptation en termes de coût. On peut cependant maintenir cette hypothèse. En effet, au niveau des phénomènes psychiques, l'adaptation se paye du refoulement de ce qui la contrarierait : dans l'exemple de Freud, le refoulement est inséparable de la limitation du sexuel pour des raisons d'équilibre écologique. Au niveau organique, l'adaptation implique une série de transformations biologiques et particulièrement neurobiologiques qui supposent des remaniements évaluables en termes de « pertes » précédant le « gain » de nouveaux frayages sur le modèle de l'épigenèse.

Le traumatisme s'inscrit sur deux registres tout à fait opposés. D'une part, il apparaît comme une source de tension extrême capable de modifier l'organisation de la vie dans le sens d'une plus grande complexité, donc d'une plus grande richesse ; d'autre part ce même trauma peut abolir toute tension en provoquant la suspension des réactions vitales, et éventuellement conduire à la mort. La pulsion de mort dont le but est la réalisation de l'état d'homéostase[15], de la cessation de toute tension, peut donc être conçue comme prenant son point de départ sur le premier effet du trauma[16] pour aboutir au second.

Tout trauma renvoie donc à la pulsion de mort dont il devient le représentant psychique. L'un comme l'autre nous laissent muets, stupéfiés, mais néanmoins au bord de ce langage dont ils « forcèrent » la venue.

L'humain peut donc se caractériser par l'existence d'une conscience issue de la rencontre traumatique du réel. Mais si tout acte de pensée contribue à la maîtrise du trauma par le sens qu'il confère à la vie, il n'en rappelle pas moins l'existence du trauma originaire à partir duquel il s'est constitué. Même en pensée, l'acte répète l'abîme qui lui est sous-jacent. Aussi a-t-on naturellement horreur de la pensée.

NOTES

1. Il s'agit là, en effet, d'un processus à mon avis différent de ce qui fut décrit par André Green comme deux expressions de la résistance dans la cure, « la défense contre la représentation par l'affect et la défense contre l'affect par la représentation ». Cf. *Le Discours vivant*, P.U.F., 1973, p. 198.

2. « L'événement duquel le sujet a gardé un souvenir inconscient est une expérience précoce de rapports sexuels avec irritation véritable des parties génitales, suite d'abus sexuel pratiqué par une autre personne (...). » S. Freud, « L'hérédité et l'étiologie des névroses » (Texte publié directement en français dans *La Revue neurologique*, en 1896) in *Névrose, psychose et perversion*, P.U.F, 1973, p. 55.

3. Pour Sandor Ferenczi, qui a toujours tenu pour fondamentale la réalité de l'effraction traumatique (viol d'enfants notamment), la dissociation traumatique ouvrirait le sujet à des perceptions endopsychiques dépassant la personne propre, et habituellement retenues par la barrière du refoulement. (Cf. *Journal clinique*, 1932 ; Payot, 1985.)

4. Marie Moscovici souligne le « caractère angulaire pour la psychanalyse » de cette hypothèse. In *Il est arrivé quelque chose*, Ramsay, 1989 ; P.B.P., 1990.

5. Lettre à S. Ferenczi, mars 1922.

* En contrepoint, je ne résiste pas à citer ce passage de l'historien G.P. Baker : « Il y aura bientôt quatre mille ans, un vieux chef sémite parcourait, avec sa tribu et ses troupeaux, la zone orientale du désert d'Arabie. Si l'on en croit ses descendants, il venait de la ville d'Ur en Sumérie, que les archéologues sont en train de déterrer en ce moment. Au sommet de la courbe que l'Euphrate décrit vers l'ouest à l'endroit où le fleuve se rapproche le plus de la Méditerranée, il campa pendant deux années. C'est une contrée de vastes plaines étendues sous la voûte d'un ciel où se déplace la nuit une lune imposante et où les étoiles brillent d'un éclat magnifique. C'est là qu'il mourut et que son fils lui succéda. De ce fils descendent les Rothschild, Benedictus Spinoza et Henri Heine. » In *Annibal*, trad. capitaine A. Lageix, Payot, 1952.

6. *Cf.* Freud expliquant son impossibilité de voyager en Italie par son « identification » à Annibal, in *Psychopathologie de la vie quotidienne*, Payot, 1981.

7. S. Freud, *Introduction à la psychanalyse*, Payot, 1974, p. 350.

—*Ibidem*, p. 184 : « C'est ainsi, par exemple, qu'on est autorisé, à mon avis, à considérer comme un legs phylogénique la symbolisation que l'individu comme tel n'a jamais apprise. »

8. *La Vie et l'œuvre de Sigmund Freud*, P.U.F, vol III, p. 445.

9. Il s'agit du principe de conservation de l'énergie formulé en 1842 par le physicien Robert Mayer et repris et appliqué à la biologie par Gustav Theodor Fechner dont Freud a reconnu l'influence sur ses propres théories.

10. Ce qui est forclos du symbolique surgit dans le réel, disait J. Lacan.

11. Kraepelin, in *Lehrbuch der Psychiatrie*, 1915.

12. *Vue d'ensemble des névroses de transfert*, trad. P. Lacoste, Gallimard, « Connaissance de l'Inconscient », 1985.

13. « Nous pouvons déduire [de la symptomatologie de l'hystérie de conversion] que l'être humain n'était pas encore doué de langage quand il s'imposa l'interdit de la reproduction face au dénuement qu'il ne maîtrisait pas, et qu'il n'avait pas encore construit le système du préconscient sur son inconscient », *ibid.*

14. « Dans certains systèmes mnésiques, des événements historiques singuliers survenant à une échelle donnée peuvent avoir des conséquences à une échelle complètement différente. Ainsi, par exemple, si le patrimoine génétique d'un lointain ancêtre a souffert des modifications à la suite des déplacements de cet ancêtre à travers un marécage (sous l'effet, disons, de fluctuations climatiques), la nouvelle séquence de nucléotide — s'il se trouvait qu'elle contribue à améliorer l'adaptation — pourrait avoir une influence sur les événements sélectifs et sur la fonction animale actuels. » Gerald M. Edelman, *Biologie de la conscience*, Odile Jacob, 1992, p. 222.

15. Au cours de cet essai, nous avons retenu le terme d'homéostase, emprunté au *Vocabulaire de la psychanalyse*

(Laplanche et Pontalis), pour signifier la tendance de l'appareil psychique à maintenir aussi basses et aussi constantes que possible les quantités d'excitation.

16. « (...) cette affirmation désespérée de la vie qui est la forme la plus pure où nous reconnaissions l'instinct de mort. » J. Lacan, *Ecrits*, Le Seuil, 1966, p. 320.

III

DE LA RÉPÉTITION

Tout acte comporte donc une part de répétition provenant de ce qui demeure enfoui dans la ténèbre d'une origine qui suscite fascination et effroi.

Que la répétition ait un but et qu'elle s'effectue pour obtenir une satisfaction semble en contradiction avec de telles prémisses. Pour en fournir une explication, il nous faut prendre en compte les découvertes de la psychanalyse concernant ce mystérieux mécanisme. Et d'abord rappeler le lien étroit existant entre le traumatisme et le mécanisme de la répétition.

Selon la première hypothèse freudienne, la répétition est induite par le traumatisme qui se trouve lié à une jouissance inconsciente d'ordre sexuel. Il y a identité entre la jouissance sexuelle primaire, issue d'une excitation jusqu'au seuil de la douleur d'une zone érogène, et le traumatisme qui est le mode sur lequel fut ressenti cette jouissance. Celle-ci produit l'effet d'une effraction par l'intérieur des mécanismes d'intégration pulsionnels menaçant le sujet d'éclatement. Cette violence intime est alors, selon une forme de défense habituelle, projetée à l'extérieur, et tout traumatisme d'origine externe rappellera par la suite la jouissance qui en fut éprouvée[1]. Ce qui pousse à la répétition n'est pas le traumatisme éprouvé lors de la poussée sexuelle, mais la jouissance en abîme qui fut ressentie. La jouissance demeure, de ce fait, associée au trauma, comme l'effet à la cause, et tout traumatisme tend alors à en devenir le messager...

La théorie de la répétition à partir du trauma, assimilé à une cause de jouissance, paraîtrait plus que discutable si l'on ne gardait à l'esprit qu'il s'agit d'un phénomène totalement inconscient, de par le lieu psychique où il se produit, lieu comparable aux soubassements des cités antiques sur lesquelles furent échafaudées de nouvelles métropoles. C'est sans doute parce que ce lieu est en deçà du refoulement que le trauma ne trouve dans la parole qu'une faible expression. Il lui demeure énigmatique, étranger et barbare, faisant seulement appel à l'acte dans l'inadéquation de la réaction manquée et toujours à venir sur laquelle se fonde la répétition, à la manière dont on fouillerait à maintes reprises la même chambre pour y retrouver un objet disparu.

Le traumatisme pourtant peut se dire, on le décrit, on en exprime les conséquences, mais les mots restent vides dans le ressassement d'une douleur qui les dépasse et se réaffirme, ineffable, à chaque tentative, jusqu'au cri.

Cette jouissance inconsciente dont nous parlons ne semble pas provenir des seules expériences de l'enfance. Elle y retrouve sans doute une part de ce qui a été éprouvé dans une angoisse qui, comme le pensait Freud, « est vraisemblablement le précipité d'un certain événement important, incorporé par l'hérédité, comparable donc à l'accès hystérique acquis de façon individuelle[2] ».

A la suite de Freud on peut voir dans cet héritage phylogénétique la base sur laquelle le procès régressif provoqué par le traumatisme se développerait en s'appuyant sur le processus de la répétition. A contrario, si rien ne se trouvait hérité de cet ordre, le trauma tel que nous en connaissons les effets n'existerait pas. Ce serait seulement la cause d'une douleur, d'une blessure et d'éventuelles séquelles organiques sans qu'aucun mécanisme de répétition soit mis en œuvre par ces atteintes.

Si, par contre, nous considérons le traumatisme originaire — en surdétermination et en amont de la part traumatique de la sexualité infantile — comme la pierre d'achoppement du mécanisme de répétition, c'est le destin de l'humanité qui doit être repensé comme dépendant de la tendance régressive induite par ce mécanisme. Cette entropie doit évidemment être pondérée. En effet, la répétition ne *se pense pas* ; elle est, nous l'avons dit, commandée par une jouissance primitive, inconsciente et violente antérieure à la possibilité de penser. Elle est cet impensé contre lequel s'adosse tout penser ; l'acte de naissance occulte de la pensée. Aussi la pensée recherche-t-elle son origine obscure et s'efforce-t-elle, à travers le trauma, de penser l'impensable. Si pour satisfaire à ce but, elle tend à provoquer de nouveaux traumatismes, il n'en demeure pas moins, puisqu'il s'agit cette fois-ci de processus conscients, que cet objectif ne peut être approché que tangentiellement par évitement de ce qui mettrait aussi fin à la vie.

La pulsion épistémophilique (le désir de savoir) se maintiendrait donc à la limite de la réalisation mortelle de l'objet de son interrogation. Mais il n'en va pas toujours de même sur le plan des actes. Leur tendance à réaliser le trauma est si manifeste qu'il est presque trivial d'y faire référence. Que l'on pense aux guerres par exemple ou, plus pacifiquement, à des sports si dangereux qu'il est évident que leur intérêt réside dans la prime de plaisir obtenue à frôler la camarde. S'agit-il de la mort en tant que telle ou du fait que l'approche traumatique de son environnement procure une étrange et forte jouissance ? Le témoignage d'un alpiniste, Rob Schultheis, se retrouvant blessé, au milieu d'un orage après une chute à 3 500 mètres d'altitude, et dans la nécessité vitale de regagner la vallée, oriente vers la seconde interprétation. Le langage parle. Il dit l'extase et le sentiment de toute-puissance vécu au cours de cette aventure : « Alors que je descendais les pentes mortelles du Neva, je me surpris tout simplement à réaliser en grand nombre des choses impossibles. Déboussolé, en état de choc, je varappais avec l'impeccable perfection d'un léopard des neiges ou d'une chèvre des montagnes. (...) Mes prises ? Des plaques de givres suspendues au granit. Elles roulaient avec fracas dans le vide mais j'étais déjà passé (...). Une petite partie de moi-même tremblait de peur et de fatigue, appelant à la rescousse, souhaitant être emportée à la vitesse de l'éclair n'importe où ailleurs, loin de ce précipice glacial. *Le reste, confiant, empli d'une joie démente, se réjouissait de cette danse de survie animale, admirait les cristaux étincelants du granit, la calligraphie ivre des quartz de glace*[3]... » C'est magnifique. Qui ne voudrait de ce « reste », s'il n'en fallait d'abord payer le prix exorbitant au péril de sa vie ! Mais « l'accident » ne survient-il pas pour forcer cette mise et permettre au sujet d'accéder à son désir le plus inconscient ? Mourir pour vivre au paradis.

NOTES

1. « Bien plus, on pourrait dire que dans les névroses de guerre, à la différence des névroses traumatiques pures et par rapprochement avec les névroses de transfert, ce qui fait peur, c'est bel et bien un ennemi intérieur. » S. Freud, « La psychanalyse des névroses de guerre », in *Résultats, idées, problèmes*, P.U.F., 1984, p. 246.

2. XXXIIe Conférence. In *Nouvelles conférences d'introduction à la psychanalyse*, 1932, trad. Rose-Marie Zeitlin, Gallimard, 1984, p. 112.

* Certains biologistes, tel Antoine Danchin, vont aujourd'hui plus loin encore que Freud dans la prise en considération de la fonctionnalité des éléments phylogénétiques : « Ainsi nous pouvons remarquer (*cf.* J.Z. Young) que l'information génétique d'une espèce donnée peut déjà être considérée comme représentant une trace mnésique de l'environnement, trace qui est à l'image de son histoire phylogénétique.

« D'autre part, dans la théorie de l'apprentissage (...), c'est une épigenèse à partir d'une enveloppe génétique (...) qui sélectionne par interaction avec l'environnement une propriété associative stable. Celle-ci est donc aussi une représentation de l'environnement. » « L'inné et l'acquis : une théorie sélective de l'apprentissage », in *La Recherche en neurobiologie*, Le Seuil, 1977.

3. *Cimes, extase et sports de l'extrême*, trad. Z. Bianu, Albin Michel, 1988. Michel Hulin rapproche la phénoménologie de cette expérience de celle de certaines expériences mystiques « provoquées ». La comparaison est, en effet, très intéressante. *Cf. La mystique sauvage*, P.U.F., « Perspectives critiques », 1993.

IV

LE PARADIS PERDU

La passion de la connaissance prend sa source au suspens de la vie. Il fut un temps mythologique où le désir se manifestait sans distance avec les objets. L'acte s'accomplissait sans détour, commandé par le seul besoin. L'inexistence du verbe enfermait la pensée dans une gangue diaphane. Les images, les bruits et les odeurs composaient une carte où l'homme se mouvait ignorant de lui-même. Cet être muet, roi d'un Eden que son imagination n'a pas encore créé, ne porte pourtant pas le nom d'Adam. Il lui est antérieur. Il est ce qu'Adam a perdu d'avoir été lui-même nommé et nommant. Il est l'être des nuées, du chaos, et celui qui crée l'homme à partir de l'informe, du non-verbal, ce mouvement dont la Genèse rend compte par l'évocation de la lumière produite par le Verbe : « Dieu créa le ciel et la terre, et alors que la terre n'était encore que chaos, etc., au-dessus des eaux, Dieu dit : que la lumière soit[1] ! »

Mais qui est ce Dieu biblique, Dieu qui fut d'abord celui des nuées et du chaos avec lesquels il se confondait dans la nuit des temps ? Ce Dieu que la Bible fait créateur en rendant inséparable l'invention des choses et des êtres d'avec leur nomination ?

Si l'antériorité était chaos, au début était le verbe. Il s'agit bien du début de quelque chose, d'un point origine apparaissant soudainement, tel le produit d'un phénomène de catastrophe, à partir du milieu ambiant. Il remplit alors le même rôle que celui, en géométrie plane, du point marquant l'origine d'une demi-droite. Suivant cette analogie, ce point de départ de la demi-droite est repérable en tant que tel dans l'ensemble infini des points de la droite. Il est même le seul point particulier de cette figure, celui que l'on ne saurait placer n'importe où sur la droite. De même le Dieu de la Genèse, au moment où ce qui était le chaos se trouve marqué par le dire. Quelque chose, le chaos, a de ce fait été coupé. Un ordre apparaît à partir de cette coupure sans laquelle aucun « commencement de » ne pourrait être identifié ; l'antériorité n'avait, en effet, quant à elle pas de commencement. L'antériorité chaotique sans commencement ni fin est l'en-deçà des mots. On peut y voir le magma, matière première d'une différenciation encore à venir, ou l'homme dans son état antérieur d'être non parlant. L'un comme l'autre ne peuvent être pensés, « conçus », qu'après coup. Cela ne veut aucunement dire qu'ils ont disparu. Bien au contraire, leur existence n'apparaît qu'à la *lumière* de ce qui nomme. Et ce qui nomme doit être compté à partir de cette coupure, catastrophe[2] survenue au sein de l'innommé.

L'accident brutal stupéfie, rend muet. Il nous plonge dans le chaos où aucune parole ne se reconnaît plus. La stupeur qui prive l'homme de la parole agit également comme un appel à la régression. En fait, elle est déjà une régression, c'est-à-dire un retour vers ce qui ne pouvait encore être nommé. De même que le chaos ne put être nommé qu'après coup, à partir de la catastrophe inaugurant le langage, l'accident, le traumatisme, ne peut être parlé qu'après coup, et souvent fort longtemps après sa survenue. Mais tout comme le chaos dont il appelle l'irreprésentation, le trauma laisse toujours en arrière de lui une impossibilité de dire. Le trauma ne permet pas au sujet de trouver sa véritable place par rapport à lui. On peut entendre la parole qui tente de le nommer dans l'ordre de cette autre antériorité dont le Midrach juif fait commentaire, celle d'un *davar* fermé sur lui-même, une parole encore silencieuse parce qu'inéchangeable[3]. En cela même, la régression provoquée par le trauma est narcissique. Son univers demeure non subjectivable pour la raison qu'aucun sujet ne se trouve là, présent, pour en communiquer quoi que ce soit.

Cette abolition subjective provoquée par le traumatisme dont la violence fait éclater le moi ouvre l'individu à toutes sortes de sollicitations aussi bien sensorielles que psychiques. Aussi n'est-il pas étonnant de retrouver dans les témoignages de mystiques religieux la recherche du trauma qui les fera, en quelque sorte, sortir d'eux-mêmes dans le but de se sentir traversés par toutes les perceptions que les barrières moïques arrêtaient au seuil de la conscience. Il s'agit de procédés de déconstruction des résistances du moi dont les effets régressifs ne sont tempérés que par les représentations de but qui en accompagnent la mise en œuvre. La nécessité d'une « bonne » orientation, pour ne pas tomber dans le chaos, est tant ressentie que l'on déconseille au néophyte de se livrer à ce genre d'expérience de son propre chef et qu'il lui est recommandé de faire appel à un guide. Au Tibet, par exemple, celui qui entreprend de se lancer dans les épreuves d'initiation sans y être suffisamment préparé était réputé risquer la mort[4].

Tout se passe, en effet, comme si une « ligne directe » pouvait être rétablie entre un traumatisme quelconque, voire la mise en condition d'un individu à éprouver une mise en scène particulière sur le mode du trauma[5], et le traumatisme originaire, celui qui est un jour venu faire rupture dans l'ordre muet de l'antériorité paradisiaque. Le trauma est alors l'événement charnière de ce passage, moment de perte et de gain éprouvé dans l'effroi dont le tonnerre n'éteint pas la nostalgie de ce qui fut et qui n'est plus[6].

L'ontogenèse nous dirige naturellement vers ce qu'il en serait d'un traumatisme de la naissance, choc violent provoqué par la brusque expulsion du milieu maternel protecteur, la mer intérieure et calme de l'amnios, vécue comme une véritable noyade à rebours, les poumons se remplissant brutalement d'air comme d'un corps étranger. Nostalgie de l'amnios à laquelle, plus tard, ramènerait tout trauma, *et dont tout traumatisme contiendrait l'espérance inconsciente.*

Mais, à ce traumatisme de la naissance qu'Otto Rank rendait responsable de l'angoisse, Freud avait opposé la notion plus radicale de détresse devant laquelle l'angoisse était la « réaction originaire » avant d'intervenir comme « signal d'alarme » face aux situations de danger dont le prototype avait été la perte de l'objet maternel protecteur[7]. Pour Freud, l'angoisse était consubstantielle à l'impossibilité de liquider les tensions internes de l'organisme, le trauma ne faisant que rappeler les effets de cette impossibilité. De même, l'angoisse originaire pouvait remonter au dénuement éprouvé par l'homme pendant la période de glaciation. C'est-à-dire qu'à la thèse psychologique et ontogénétique de Rank, Freud opposait un point de vue d'une tout autre dimension, ouvert à une métaphysique, si l'on veut bien entendre dans la fiction de la glaciation[8] les sonorités kierkegaardiennes d'une angoisse immanente à la destinée humaine[9].

L'angoisse, avant toute cause décelable, serait l'expression même de la nostalgie d'une antériorité qui n'a pas encore subi la coupure de la représentation. Aussi est-elle « pleine » ; comme le silence qu'une parole affolée tente vainement de rompre, rien ne semble avoir le pouvoir d'y faire effraction. L'origine sexuelle, à laquelle Freud a tenté de la ramener, en serait tout à la fois le contenant et le contenu sans que rien d'hétérogène ait place pour se manifester. Elle exprime l'impensable origine traumatique de l'individuation, surgie de ce temps immobile et plein dont la coupure impose la reconnaissance en acte de la différence des sexes.

L'angoisse est abîme où le temps disparaît, ce qui pour le vivant est une mort. Mais cette mort qui occulte tout savoir et bâillonne le langage est aussi présence nostalgique d'un temps non mesurable, fixe comme l'éternité, la trace de ce passé antérieur où nous fûmes, de ce temps d'avant le temps où tout était hors conscience.

L'angoisse est ce qui appelle ce temps tout en craignant le traumatisme avec lequel il est associé et, avec ce dernier, l'émergence de la conscience qui lui est originellement inséparable. Aussi, l'angoisse qui provoque l'aveuglement annonce-t-elle ce que l'on ne veut pas voir : la prise de conscience avec laquelle se confond l'idée du destin parce qu'elle en est l'anticipation à partir du mouvement de séparation contenu dans la pensée. Que ce mouvement soit celui de la vie ne lui ôte point l'effroi d'une mise au monde pleine de bruit et de fureur.

La pensée d'une perte et d'une destruction inéluctables pour que la vie s'accomplisse comme devenir va plus loin encore ; André Neher en énonce le tranchant comme ce qui depuis les temps bibliques habite la pensée juive : « Aucun palier de dépassement ne peut s'atteindre sans qu'auparavant quelque chose n'ait été exposé et brisé ; aucun saut ne peut s'accomplir sans qu'un espace n'ait été dévoré ; aucun édifice ne peut se consolider sans que sa charpente n'ait été ébranlée[10]. »

Ici donc, avec l'angoisse, s'ouvrent les portes du « paradis terrestre » dans le fracas du traumatisme. Il s'agit bien d'une charnière dont la rotation s'effectue dans un mouvement de pivot masquant et découvrant alternativement l'ignorante quiétude propre à l'antériorité, l'innommable, et ce qui est issu de sa coupure, de la « dévoration » de cet espace et de sa perte, sur laquelle se fondent le langage et la conscience. Rien d'étonnant à ce que, *même par les mots*, nous cherchions à échapper à cette conquête involontaire sur ce que le trauma avait réalisé dans la violence du retour chaotique au « paradis » : l'abandon de la conscience et de la souffrance psychique qu'elle inaugure.

Mais le traumatisme, dont le signe majeur a toujours été la perte de la conscience, laisse pourtant après coup dans la souffrance psychique. Ce dont « on ne revient pas », nous rend souffrant d'une sorte de manque particulier : la détresse d'éprouver une *discontinuité*. Tout se passe, en effet, comme si la perte de la conscience, pourtant profondément désirée, nous demeurait malgré tout insupportable. C'est, sans doute, que, la conscience revenue, savoir qu'elle peut ne pas être nous confronte sans défense avec les forces destructrices du règne absolu de la pulsion. Ce que le trauma a ouvert là, comme une brèche, dans le système psychique d'organisation et de figuration du jeu pulsionnel, n'est pas compatible avec la conscience s'appuyant sur le refoulement. Nous cherchons donc à redonner sens et surtout continuité à ce qui nous a fait si bien sortir de nous-mêmes.

Cette tentative, qui bute sur l'irreprésentable, reprend sans cesse la même image, rejoue la même scène dans l'espoir d'y découvrir une suite. Il ne s'agit pourtant pas véritablement de la scène traumatique (qui demeure non figurable) mais d'une image privilégiée. Cette image, reviviscence déplacée du trauma, ne fait que prolonger l'énigme d'un désir inconscient. Le travail d'analyse consiste alors à permettre d'établir ce qui, au travers de cette figuration, peut servir de bord, de manière qu'à partir de cette limite le désir puisse trouver une possibilité d'inscription et échapper à la répétition[11].

Notre conception de l'Histoire se heurte naturellement à cette horreur du réel dont la pensée est une trace. Cette dernière se recherche dans l'effacement d'une origine dont l'insu ne cesse pourtant d'exercer sa fascination. Le pré-conscient, sous-jacent à l'expression de la pensée, est, pourrait-on dire, révisionniste par nature. Le souvenir, seul, est là pour empêcher le refoulement de ce qui a été. Mais le souvenir est fragile, personnel, et à proprement parler intransmissible. C'est ce qu'exprime Walter Benjamin : « Articuler historiquement le passé ne signifie pas le connaître tel qu'il a effectivement été, mais bien plutôt devenir maître d'un souvenir tel qu'il brille à l'instant d'un péril[12]. »

Devenir maître de ce souvenir qui brille, telle une arme, à l'instant du péril est une effectuation psychique opposable au délire de la raison. La seule, peut-être. La pensée, ici, rejoint le réel au point de coïncider avec lui dans l'effroi maîtrisé de ce qui menace toute action de penser. La vieille décision de Freud postulant la nécessité de faire advenir la remémoration au lieu même où la répétition indiquait la seule présence de réminiscences trouve également son éthique dans cette victoire sur le réel dont témoigne le souvenir[13].

Mais le souvenir, d'après Benjamin, n'est pas réductible à la seule exactitude factuelle, celle dont la recherche alimenterait, peut-être, le fantasme d'une Histoire absolue. Le souvenir est ce qui « articule » toute réalité passée de manière telle qu'une vérité en jaillisse. C'est ainsi que seul le souvenir, même s'il ne se rapporte pas directement à un fait historique particulier, donne vérité, non seulement au passé historique et collectif mais aussi aux présents individuels. Ce faisant, articulant l'Histoire collective à la multiplicité et à la diversité des histoires personnelles, le souvenir apparaît comme le seul facteur de civilisation ne se fondant pas sur une répression pulsionnelle. Il n'est ni le sur-moi, ni l'idéal du moi, même s'il participe indirectement à la formation de ces deux instances psychiques, mais ce qui relie et articule chaque sujet à la collectivité que le temps issu du souvenir rend concrète. Cette concrétude rendue à l'histoire et au temps par le souvenir fait que le lien social ainsi formé est totalement différent du lien religieux. Le souvenir s'oppose à la croyance. Il n'accorde à cette dernière que la place d'un leurre composé à partir des déformations produites par les censures et les refoulements.

Si l'actuel est l'héritage d'un passé assumé et le présent le moment de passage vers l'avenir, ce n'est pas en raison d'une horloge divine mais parce que l'homme est devenu la mesure de son temps. Il en est responsable autant que libre. « Telle est l'autorité de Dieu : il nous a confié nous-mêmes à nous-mêmes », écrivait, il y a trois siècles, le cardinal de Bérulle, plaçant subtilement l'accent sur le traumatisme d'une séparation fondatrice d'un destin.

NOTES

1. Rashi de Troyes traduisant la Bible, cité par André Neher, *L'Exil de la parole*, Le Seuil, Paris, 1970, p. 64.

2. La théorie des catastrophes développée par René Thom est une tentative mathématique destinée à rendre compte des changements d'état d'un système ainsi que des transformations provoquées par tout phénomène induisant un passage à la limite. Selon Jean Petitot, « elle serait seule capable d'élucider le problème de l'enracinement biopsychologique des structures ; de formaliser l'inconscient comme relais des grandes régulations animales (prédation et sexualité) ; d'élaborer une théorie générale de la prégnance biologique (type libido freudienne) ; de constituer le champ du symbolique et de répondre à la question : *quel est le statut d'efficience symbolique et de prégnance biologique de l'idéal ?* » in « Psychanalyse et logique : plaidoyer pour l'impossible. » *Le lien social.* Documents Confrontation, 1981.

3. A. Neher, *op. cit.*

4. Tel le rite « tcheud » décrit par Alexandra David-Neel, in *Mystiques et magiciens du Tibet*, Plon, 1929. Sur la nécessaire présence d'un guide, *cf.* également Carlos Castaneda, *L'herbe du diable et la petite fumée*, Bourgois, 1984.

5. Dans toutes les cérémonies initiatiques on retrouve, en effet, cet élément traumatique dont la fonction première est de mettre le sujet à l'épreuve de ce qu'en psychanalyse on désigne comme « castration ». Voir à ce sujet, entre autres, l'étude de Robert Jaulin, *La Mort sara*, 10/18, Plon, 1971.

6. « Avec la Genèse, ce n'est pas l'histoire qui commence : c'est la parousie d'une histoire déjà mûre, qui comporte en elle les restes, les débris peut-être, mais aussi les germes stimulants, et surtout les réalités définitivement perdues, de l'Alpha *antérieur.* » A. Neher, *L'Exil de la parole, op. cit.*, p. 247.

7. *Inhibition, symptôme et angoisse*, trad. Michel Tort, P.U.F., 1973.

8. *Vue d'ensemble des névroses de transfert, op. cit.*, p. 34 : « (...) sous l'influence des privations provoquées par l'irruption de la période glaciaire, l'humanité est devenue universellement *anxieuse* » et p. 33 : « (...) C'est spéciale-ment le dénuement des époques glaciaires qui l'a poussé [l'homme primitif] vers le développement de la civilisa-tion. »

9. « La réalité de l'esprit se montre toujours comme une figure qui tente son possible, mais disparaît dès qu'on veut la saisir, et qui est un rien ne pouvant que nous angoisser. » S. Kierkegaard, *Le Concept de l'angoisse*, Gallimard, N.R.F., 1935, p. 62.

10. A. Neher, *op. cit.*, p. 253.

11. S. Ferenczi a mis l'accent sur l'inefficacité thérapeu-tique d'amener le patient à seulement « revivre » en analyse le trauma pathogène ; cette attitude clinique fondée sur la nécessaire prise de conscience de la scène refoulée n'est

efficace que si elle s'accompagne d'une écoute de la demande réparatrice du sujet : « Si nous ne cédons pas à ce cri et laissons persister la souffrance de la situation traumatique, il s'ensuit finalement une confusion mentale certaine, souvent accompagnée d'un rire convulsif, ou d'une paralysie grave, effrayante, d'allure presque cadavérique (...) » *Journal clinique* (janvier, octobre 1932), *op. cit.*

12. Walter Benjamin, « Thèses sur la philosophie de l'histoire », 1940, in *Essais* II, Denoël-Gonthier, p. 197.

13. Freud distingue la réminiscence, mémoire non consciente d'événements généralement traumatiques de la petite enfance, de la remémoration, souvenir devenu conscient de ces mêmes événements. La « mémoire » au sens que la psychanalyse donne à ce terme, est donc, en grande partie, formée par les contenus psychiques du refoulement. Elle subit le sort des représentations refoulées et, comme les éléments du rêve, se trouve soumise aux déguisements que permettent métaphores et métonymies, condensations, substitutions, déplacements.

V

LA CHOSE ET L'HISTOIRE

> « J'ai maintenu, et je maintiendrai, que
> notre génération est vouée par l'histoire, en
> réponse au comble de l'horreur réjective, à
> pousser à son comble la réflexion sur le
> statut anthropologique de la folie. »
>
> LUCIEN BONNAFÉ.

Au cours de la trente et unième de ses *Nouvelles Conférences*, Freud, quelques années avant la pleine montée en puissance du national-socialisme, s'interrogeait : « Je persiste à soutenir, écrivait-il, que nous n'avons pas assez mis en relief ce fait indubitable de l'immutabilité du refoulé, au cours du temps. C'est là que semble s'offrir une voie de pénétration vers les connaissances les plus approfondies ; malheureusement je n'ai pu réussir à m'y introduire[1]. » La suite du texte donne la raison

théorique de cette « immutabilité » ou « inaltérabilité » du refoulé. C'est que ce dernier se trouve au
niveau du Ça et que sa nature est pulsionnelle,
quantitative, faisant « abstraction de la qualité de
l'investi » ; l'inaltérabilité résulte de ce que ce
refoulé ne correspond pas à ce qui dans le moi
s'appellerait une représentation.

La cérébralisation a pour fonction de transformer
les quantités en qualités. Telle est la « réponse »
psychique au caractère irréductiblement traumatique
du réel.

Les conditions de possibilité d'une telle réponse
permettant de traiter le réel par le psychique sont
données par l'expérience princeps du *refoulement
originaire*. Avec ce refoulement premier va se trouver localisé l'irreprésentable comme ce qui fonde
l'inconscient. Il s'agit de quelque chose qui arrive
de l'extérieur et qui laisse une trace avant qu'aucun
système d'interprétation ne puisse la lire[2]. Ce qui
arrive à chaque enfant est alors structurellement
identique à ce qui fut transmis au cours des temps
à partir des premières irruptions traumatiques du
réel. Ce point de vue est fortement systématisé dans
un essai demeuré longtemps inédit parce que Freud
avait renoncé à le publier dans sa *Métapsychologie*.
Il s'agit de *Vue d'ensemble des névroses de transfert*. Freud n'y déclarait pas moins « adopter l'idée
qu'un certain nombre d'enfants apporte en naissant
l'anxiété qui vient du début de l'époque glaciaire
(...)[3] ». Dans ce même texte, nous pouvons lire

qu'en ces temps « l'être humain n'était pas encore doué de langage » et « qu'il n'avait pas encore construit le système du préconscient sur son inconscient ».

L'anxiété liée au traumatisme est donc antérieure à l'acquisition du langage et à la conscience telle que nous l'entendons, c'est-à-dire construite sur du refoulement. Si, comme Freud le théorise par ailleurs[4], la représentation inconsciente est la représentation de chose seule, cette dernière se présente forcément en liaison étroite avec le trauma dont l'inconscient lui-même s'origine. La question ainsi posée, à partir d'une conception du trauma déterminante pour notre structure psychique, est celle des formes de son retour : là où ce dernier peut nous surprendre.

L'on peut, en effet, déduire, d'une telle organisation post-traumatique du psychisme, qu'au cours de l'évolution c'est ce qui fait « trou » et s'est présenté hors langage qui a le plus de chance de se transmettre comme de se répéter. Ce qui est décrit par l'Histoire tournerait donc autour de noyaux traumatiques dont il ne nous serait pas entièrement possible de rendre compte.

En 1932, Freud avait donc le sentiment, que les événements rendront prémonitoire, de buter sur l'existence du refoulé de caractère archaïque. Ce qu'il en dit témoigne de son inquiétude concernant non seulement les progrès de la psychanalyse mais aussi la stabilité d'une civilisation peut-être trop désireuse de contourner l'irreprésentable par de multiples représentations pour que ce dernier ne lui revienne pas de façon destructrice. C'est ce que le judaïsme semble d'ailleurs avoir compris depuis longtemps dans son refus de nommer cet irreprésentable, ce qui est une manière de lui reconnaître sa valeur absolue et revient à se garder de confondre le symbolique et l'imaginaire. En effet, dans une logique étendue de la dynamique du refoulement, la re-présentation de ce qui est antérieur à ce dernier, la re-présentation de la *Chose*, ne pourrait être reprise par le psychisme que dans la mise en scène de ce qu'elle est réellement pour lui : la mort[5].

La Civilisation est une affaire de vie et de mort, bien au-delà, sans doute, de sa nécessité pour la survie individuelle. Affaire de vie collective, trans-générationnelle, affaire de vie comme de mort pour le sujet qui y puise les références de son temps. Mais la Civilisation requiert de durs compromis : elle est détestée pour ce qu'elle implique d'abandon de la satisfaction immédiate des pulsions, satisfaction dont le but ultime est de mettre fin aux tensions du désir. Aussi Freud avait-il vu dans la mort le terme de toute pulsion réduite à sa seule et ultime satisfaction, la mort étant la réalisation absolue de l'état de non-tension, d'homéostase. Mais à ce terme, qui est aussi celui d'une jouissance dont l'absolu se conjugue avec l'étroitesse de ce qui en est la source, nous ne voulons ni aller droit, ni évidemment subir l'obligation. La violence traumatique, par ses effets de morcellement du corps et du psychisme, présentifie massivement l'accès à cette tendance vers la mort ainsi que la satisfaction de cette jouissance hors sujet. Elle a, de ce fait, été utilisée de tout temps pour réduire l'homme à l'abjection et son succès est tel que l'Histoire ne peut la dire que de manière périphérique. Face à cela et fille de cela, la Civilisation s'appuyant sur le souffle d'Eros est une rude entreprise, une tâche aux résultats peu stables que Freud comparait à celle de l'assèchement du Zuiderzee.

Le dessein et le destin du moi-sujet émergeant des violences du Ça convergent avec ceux de la Civilisation issue de la barbarie. Le sujet de la Civilisation en demeure d'autant plus adossé à ses antériorités constituantes. Comme l'écrivait Jacques Lacan, « ... l'instinct de mort exprime essentiellement la limite de la fonction historique du sujet. (...) En effet cette limite (...) représente le passé sous sa forme réelle, c'est-à-dire non pas le passé physique dont l'existence est abolie, ni le passé épique tel qu'il s'est parfait dans l'œuvre de la mémoire, ni le passé historique où l'homme trouve le garant de son avenir, mais *le passé qui se manifeste renversé dans la répétition*[6] ». Aussi n'est-ce pas tant l'Histoire qui fait horreur par le rappel des crimes commis mais ce qui est sous-jacent à son récit. En effet, l'Histoire qui se dit (et qui se disant se transforme) est déjà acte d'histoire du sujet se libérant ainsi partiellement de ce qui du passé demeure dans le silence du réel. Mais l'Histoire qui ne cesse de se raconter comme lieu d'inscription des subjectivités et qui imaginarise les origines s'arrête au point où vient la surprendre l'intrusion du réel sous la forme que lui donne la pulsion de mort. J'en donnerai pour exemple la difficulté de rendre « pleinement » compte, au sens de n'en rien rejeter de la conscience, de ce qui fut perpétré sous le nazisme. C'est ainsi que les camps de la mort sont encore parfois appelés camps de concentration, ce qui déjà indique l'abjection qui vient en place de ces morts dissous dans le réel des charniers. Tant il est vrai « Que personne n'a entendu ce que la fumée de corps brûlés dit (...)[7] », jusqu'à cette assourdissante prière :

Non ne lèche pas, suif céleste, mes barbes en brous-
    sailles,
De mes bouches jaillissent des jets noirs de cambouis,
O brun levain de sang et de sciure,
Non ! ne touche pas mes tronçons épars sur la hanche
    de la terre[8]. »

La bascule du réel dans l'imaginaire, libérant une violence meurtrière sans limite, non seulement fait horreur mais aussi silence par effet de destitution du sujet. Par la torture qui est son moyen, elle renvoie l'individu au magma originaire, et aux cris des torturés répond le silence horrifié des témoins.

Ce qui se trouve brutalement dévoilé au point de rendre muet n'est sans doute pas sans rapport avec le point central de cette jouissance, décelable comme jouissance de la pulsion de mort, dans laquelle nous pouvons aussi tenter de reconnaître la *Chose* de l'Histoire.

Qu'est-ce que le centre imparlable de l'Histoire, sa lettre muette ?

L'invention verbale viendrait-elle au secours de l'ineffable, de ce qui erre, enfermé entre mot et Chose, sans se faire le *davar*[9] d'une autre et même clôture ?

Dans son séminaire sur *L'Ethique de la psychanalyse*, Lacan met en relief le sens particulier pris par le mot *Ding* dans certains textes de Freud. Alors que *Sache* est employé comme dans *Sachvorstellung* pour signifier la représentation de *Chose* dans l'inconscient, opposable aux *Wortvorstellungen*, représentations de mots, *das Ding* indique l'objet extérieur — celui dont la trace correspondrait au « premier enregistrement », celui dont toute conscience est effacée — imaginé par Freud dans la Lettre 52. « *Das Ding* est originellement ce que nous appellerons le hors-signifié, commente Lacan : C'est en fonction de ce hors-signifié, et d'un rapport pathétique à lui, que le sujet conserve sa distance et se constitue dans un mode de rapport, d'affect primaire antérieur à tout refoulement. » Ce concept, La Chose, dont le signifiant est pourtant le mot le plus ordinaire, porte à l'extrême ce qu'il peut en être de l'objet pour la psychanalyse, c'est-à-dire du fonctionnement de ce dernier pour l'appareil psychique : « C'est ce qui — au point initial, logiquement et du même coup chronologiquement, de l'organisation du monde dans le psychisme — se présente et s'isole comme terme étranger autour de quoi tourne tout le mouvement de la *Vorstellung*, que Freud nous montre gouverné par un principe régulateur, ledit principe du plaisir, lié au fonctionnement de l'appareil neuronique[10]. »

Le statut de cet objet primordial, repensé par Lacan à partir de sa lecture de Freud, a cela de remarquable que sa qualité se trouve entièrement absorbée par sa fonction : « il est et il n'est pas », c'est « l'existence d'un vide au centre du réel[11] ».

En d'autres termes, la *Chose* n'est pas une représentation mais un en-deçà à partir duquel le désir trouvera la possibilité d'inscription de ses représentations. Mais cette *Chose*, dite aussi par Lacan « L'Autre absolu du sujet », ne cesse de fonctionner comme attrait. Elle correspond alors à l'objet perdu freudien et c'est en fait négativement qu'elle prendra figure d'objet maternel comme pivot de la pulsion sexuelle. Négativement parce que le désir enté à partir de ce point de fixation n'existe que de l'impossibilité d'y retrouver son objet, ce qu'énonce plus encore que ne sanctionne l'interdit de l'inceste.

Ce que nous nommions la *Chose* de l'Histoire

dont l'action s'exerce sous la forme d'un non-retour du souvenir peut alors se penser dans une perspective d'antériorité fondatrice des mécanismes de déni ou de refoulement. La dynamique en serait identique à celle de la pulsion de mort.

La relation entre la pulsion de mort et la *Chose* peut, en effet, s'établir à partir de l'attraction régressive exercée par cette dernière sous la forme de cet objet insaisissable que Lacan conjecturait comme « Autre *absolu*[12] du sujet ».

Ainsi, malgré l'évidente différence entre son histoire telle que chacun peut être amené à la reconstruire et l'Histoire avec un grand H qui est le produit d'une recherche organisée concernant les événements collectifs, toute histoire procéderait du même travail à partir de ce qui exerce sur elle le plus fort refoulement[13].

L'Homme Moïse et la religion monothéiste[14] établit ce lien et cette correspondance : le refoulé de l'Histoire est aussi celui de chacun, il se transmet de génération en génération sous diverses formes dont le discours manifeste est celui du récit historique ou mythique. On peut émettre l'hypothèse que ce qui est transcrit de cette manière est analogue au contenu manifeste du rêve, c'est-à-dire au récit des déformations imposées par le refoulement, mais que, tout comme dans la cure psychanalytique, il s'agit, en fait, et malgré la pression des censures, de parler de ce dont le sujet s'origine. Le travail de recherche historique devrait alors s'orienter sur la voie de déconstructions propres à délier ce qui du passé demeure transmis à partir de sources toujours actives de déformation.

En effet, parlée où écrite, l'Histoire demeure porteuse des refoulements et des censures dont elle fut marquée en tant qu'expression du discours de l'Autre, déterminant à son tour le discours du sujet. En Allemagne, par exemple, il est plus que probable que le silence des années d'après-guerre concernant l'époque nazie ait fortement contribué à la formation d'engagements où venait pointer le retour du refoulé. « Néo-nazis », « Bande à Baader » et « Verts » agirent certainement à partir d'effets de retour plus inconscients que l'idéologie manifeste dont les uns et les autres se réclamaient. Nous demeurons cependant ici dans le domaine du non-dit, donc du parlable et de l'analysable de ce qui a été rejeté par la génération ayant participé à la guerre. Mais dire, parler, écrire sont-il suffisants lorsqu'il s'agit d'événements situables dans le registre de la manifestation de la *Chose* et qui, de ce fait, semblent déjouer toute tentative d'assimilation psychique ? Une part importante de la littérature de langue allemande en témoigne, ainsi ces formes d'oublis léthargiques que l'on peut lire sous la plume implacable d'un Thomas Bernhard[15]. Telle serait l'opération la plus juste (proche en sa visée du non-film de Claude Lanzmann) si l'on veut éviter, selon Jean-François Lyotard, que les représentations de l'extermination des juifs par les nazis ne « ramènent la chose contre laquelle [les nazis] s'acharnent dans l'orbe du refoulement secondaire » et qu'ainsi elle ne « devienne, en se représentant, un "refoulé" ordinaire[16] ».

A contrario, un certain « révisionnisme[17] », celui notamment de l'historien Ernst Nolte, s'est efforcé de rattacher le nazisme (tout en le condamnant) à tout un ensemble de « précédents » historiques et idéologiques (de Napoléon aux thèses « éliminationnistes » de certains utopistes du XIXe siècle), pour aboutir à accorder au goulag une valeur d'antécédent exemplaire : « Auschwitz ne résulte pas principalement de l'antisémitisme traditionnel, il ne s'agissait pas au fond d'un simple "génocide", mais bien plutôt d'une réaction, elle-même fruit de l'angoisse, suscitée par les actes d'extermination commis par la révolution russe. A plus d'un égard, la copie fut largement plus irrationnelle que l'original qui l'avait précédée[18]. »

Bien que la tentative de Nolte soit ouvertement celle de sortir de l'inexplicable, très justement perçu par lui comme étant le facteur de la répétition, elle le conduit à une forme particulière de déni, le déni de la singularité. Ainsi s'interroge-t-il jusqu'à l'absurde : « L'origine d'Auschwitz ne serait-elle pas un "Passé qui ne voulait pas passer ?" » Le refus du pensable comme singularité le pousse donc à la reconstruction de causalités historiques établissant des liens douteux entre événements disparates. Son travail est cependant instructif parce qu'il démontre à quel point il est insupportable de ne pouvoir relier un événement à un autre et combien le traumatisme résulte de ce qui n'est pas rattachable à une suite événementielle et temporelle. Ce « révisionnisme » apparaît comme une tentative désespérée d'historisation du trauma, qui pris au piège du caractère inexplicable de ce dernier, procède aux falsifications nécessaires à l'établissement d'une causalité. On pourrait à son sujet paraphraser Pascal : l'homme a horreur de l'inexplicable.

Beaucoup plus qu'une méconnaissance, c'est le rejet de ce qui a été connu qui apparaît comme le symptôme produit par ce qui fut, dans les faits, vécu comme un avatar de la *Chose*.

Rien ne peut ôter cela, imposé aux peuples en sombre partage, que les camps de la mort furent la Chose exhumée du tréfonds des civilisations par cette nuit des temps que fut le nazisme.

Une question se pose malgré le caractère par définition imprévisible de résurgences dont l'intrusion provoque l'événement. Ces traumatismes qui font trou dans l'Histoire en nous exposant à l'archaïque ont-ils seulement un caractère de répétition, ou bien se trouvent-ils opérer au même titre que la catastrophe de la glaciation pour des transformations de notre civilisation ?

En d'autres termes, ne serions-nous pas périodiquement modifiés par les retours et les renouvellements du refoulé originaire traumatique ? Y a-t-il modification des effets du refoulé au cours de l'Histoire par effet de sommation ? Dans ce cas, l'inaltérabilité du refoulé dont parlait Freud, serait à considérer comme la fondation d'une construction en cours. Dans les limites temporelles de la cure nous aurions affaire à des phénomènes du même ordre et l'ontogenèse prolongerait dans un sens mutatif ce qui proviendrait d'une suite d'évolutions phylogénétiques.

Si, comme le pensait Freud[19], « l'hypothèse d'une psyché de masse » est, avec « l'hérédité des dispositions psychiques », nécessaire à assurer « une continuité dans la vie affective des hommes qui permette de faire abstraction des interruptions des actes psychiques entraînés par le fait que les individus passent (...) », le politique serait par excellence et par vocation le lieu collectif de cette continuité[20]. En tant que tel, il exprimerait et mettrait en acte l'ensemble des déterminants issus du refoulé devenu en cette occurrence parfaitement trans-individuel. Mais, ajoutait Freud, cette continuité a aussi besoin de « recevoir certaines impulsions de la vie individuelle » ; ce sont ces impulsions qui non seulement donneraient force aux éléments transmis par l'Histoire, mais également en permettraient l'analyse[21], c'est-à-dire la déliaison d'avec ce qui, par cette voie collective, fait perdurer le refoulement.

A l'aise dans la barbarie

NOTES

1. *Nouvelles conférences sur la psychanalyse* : « Les diverses instances de la personnalité psychique », trad. Anne Berman, N.R.F., p. 104.

2. « Il est très plausible que des facteurs quantitatifs, comme la force excessive de l'excitation et l'effraction du pare-excitation soient les conditions immédiates des refoulements originaires. » S. Freud, *Inhibition, symptôme et angoisse, op. cit.*, p. 10.

3. *Vue d'ensemble des névroses de transfert, op. cit.*

4. « La représentation consciente englobe la représentation de chose plus la représentation de mots correspondante, tandis que la représentation inconsciente est la représentation de chose seule. » L'Inconscient, in *Métapsychologie*, passage retraduit par J. Laplanche et J.-B. Pontalis in *Vocabulaire de la Psychanalyse*, P.U.F.

5. Nous nous plaçons ici au-delà de l'hypothèse freudienne (formulée dans *Totem et tabou*) de l'interdit judaïque de la représentation en tant que survivance du totémisme.

6. « Fonction et champ de la parole et du langage », *Ecrits, op. cit.*, p. 318.

7. L. Aichenrand, in *Dos brot fun tzar* (Le pain et la douleur), Tel-Aviv, Peretz-Farlag, 1964. Cité et traduit du yiddish par Rachel Ertel, *Dans la langue de personne*, Le Seuil, 1993.

8. Peretz Markish, *Di kupè* (Le monceau), Rachel Ertel, *ibid.*

9. La parole concentrationnaire inaugurée par Nemrod faisant construire Babel. C'est la parole issue de la dimension de la chose fermée. « A l'intérieur du royaume de Babel, la transmission de la parole se faisait sans grincement, ni hésitation, et les paroles manquées y étaient aussi rares que les briques cassées. Chaque *davar* se maniait de

la main à la main, comme une chose. » André Neher, *op. cit.*

10. J. Lacan, *Le Séminaire*, Livre VII, *L'Ethique de la psychanalyse*, Le Seuil, 1986.

11. *Ibid.*

12. Souligné par nous. Il est remarquable que ce soit également un Autre absolu que recherche, sans le trouver, le paranoïaque.

13. « L'histoire n'est pas le passé. L'histoire est le passé pour autant qu'il est historisé dans le présent — historisé dans le présent parce qu'il est vécu dans le passé », remarquait Lacan à son Séminaire. *Le Séminaire*, Livre I, *Les Écrits techniques de Freud*, Le Seuil, 1975, p. 19.

14. S. Freud, *L'Homme Moïse et la religion monothéiste*, trad. Cornélius Heim, « Connaissance de l'Inconscient », Gallimard, 1986.

15. Notamment dans *La Cave, l'origine*, et plus métaphoriquement dans *Gel*, édités par Gallimard.

16. *Heidegger et « les juifs »*, Galilée, 1988, p. 52.

17. Ce révisionnisme allemand se fondant sur la recherche d'antécédents historiques est à distinguer du révisionnisme à la Faurisson mieux nommé négationnisme puisqu'il se fonde sur la non-reconnaissance des faits.

18. « La virulence négative du IIIe Reich telle qu'on la perçoit en l'année 1980 », in *Devant l'Histoire*, Le Cerf, 1988.

19. *Totem et tabou*, trad. Marielène Weber, « Connaissance de l'inconscient », Gallimard, 1993, p. 314.

20. « Par suite de l'histoire de sa formation, l'idéal du moi a les liens les plus étendus avec l'acquis phylogénétique de l'individu. » S. Freud, *Le moi et le Ça*, trad. J. Laplanche, in *Essais de psychanalyse*, nouvelle traduction, Payot.

21. Bernard-Henri Lévy a mesuré l'importance d'une telle prise de conscience : « L'enjeu est celui-là même dont les analystes nous disent qu'il supporte la cure : dévoyer,

condenser, et par là désarmer le maléfice de la pulsion de mort. Il y va, dans cette illusion, de l'avenir, ni plus ni moins, de la civilisation. » *La Barbarie à visage humain*, Grasset, 1977.

VI

LES TOTALITÉS

L'en-deçà du refoulement dont la *Chose* est un concept imagé pourrait être comparé à la force de la pesanteur. Sous l'impulsion du traumatisme elle précipite la chute de ce qui, ni ange ni bête, ne se maintenait qu'en équilibre instable. Sa puissance terrible évoque celle du démon, qui dans toutes les eschatologies règne sur le désir en lui proposant les leurres d'une satisfaction sans borne. Nous avons dit de quel rien était faite cette plénitude que le chant des sirènes célèbre dans son appel à la fusion létale avec les éléments.

Il suffit d'un quart de tour pour que l'aspiration à la plénitude de l'être, par la sublimation de toutes les pesanteurs instinctuelles et de leurs contradictions, ne se change en avidité pour ce qui représente la totalité d'une toute autre manière.

Que la pulsion de mort soit l'anamorphose satanique du visage de Dieu, c'est, en quelque sorte, ce qu'ont toujours dit les croyants. Mais cette intuition biblique peut sans doute trouver sa traduction laïque dans la face vide de l'être telle qu'elle se révèle à lui dans l'excès du désir. C'est, en tout cas, vers cette voie que nous conduit la psychanalyse dans l'exploration difficile de ce qui ne résulte pas de conflits mais procède de l'aspiration à un état de non-tension rétroactivement attribué à celui d'une plénitude antérieure à notre existence de vivant.

Les figures de cette plénitude sont alors — logiquement si l'on peut dire puisqu'il ne s'agit plus d'opérations conscientes — des représentations « reprenant » l'aspiration à un état d'abolition des tensions, donc également des différences. La mort n'est qu'une de ces représentations, la plus directe, la moins acceptable donc. D'autres expriment le même idéal, profondément refoulé, sous des déguisements divers qui vont de l'union mystique avec un groupe à la conception politique d'un ensemble d'où tout discord serait exclu. Aussi n'est-il pas tellement surprenant que les idéologies les plus totalitaires prennent tantôt la forme du retour aux origines mythiques des peuples (le maternel de ces derniers), tantôt celle de la fusion égalitaire de chaque individu dans un ensemble unique, cette mère patrie dont le petit père des peuples était l'époux indiscuté. Dans un cas comme dans l'autre la conscience individuelle est refoulée puis dissoute dans l'illusion d'une âme collective qu'un nom, plus encore qu'un individu, aurait le privilège de représenter. Comme le fait remarquer René Major : « Si une psychanalyse de l'idéologie peut prendre sens, c'est bien en parvenant à dégager, à partir des configurations de significations produites par le nom propre, les signifiants qui prétendent les arrimer au réel — économique, politique ou social — en les fixant à l'imaginaire dont se nourrissent les fantasmes de désir. » En effet : « Un signifiant rassembleur est prompt à surgir d'une série générative toujours trouble pour venir, en prétendant cerner enfin le réel dans sa totalité et légitimer le combat mortifère qu'il instaure à l'égard du dissemblable, assurer au plus grand nombre de mourir dans l'illusoire certitude d'un nom propre[1]. » De ce nom, nous pourrions dire qu'il fonctionne comme le nom de la Chose et en exerce toute la fascination à partir du signe de son orientation régressive.

Sur un mode en apparence mineur, l'entre-soi auquel aboutissent les « cultures de minorités » (ce qui est évidemment ségrégatif) tend vers la constitution de petites totalités refermées sur elles-mêmes dont le discours orienté vers l'affirmation d'une identité autonome ne reflète finalement que la tendance générale de la pulsion de mort à faire un tout à partir d'un signe quelconque. L'ethnocentrisme s'accompagne inéluctablement d'un racisme dont les références sont parfois ouvertement celles du nazisme.

La question se pose donc sans cesse de ce qui fait résurgence et se présente dans la société comme aspiration à la réalisation de formes totalisantes dont la traduction politique la plus affirmée est l'Etat totalitaire.

L'aspiration totalisante reprend à son compte ce que toute pulsion isolée, partielle comme dit la théorie, vise comme but d'abolition des tensions et dont la pulsion dite de mort exprime la direction autant que l'aboutissement.

Il n'y a pas de temps à l'intérieur de ce processus dont la référence première est une antériorité absolue et dont la réalisation fusionne le désir et *la Chose*.

Le fantasme de toute-puissance aspire toujours à une immédiateté qui serait abolition du temps et possession de la Chose à travers les objets pris comme dérivés de cette dernière. Si, dans son rationalisme, « le discours de la science rejette la présence de la Chose, pour autant que dans sa perspective, se profile l'idéal du savoir absolu (...)[2] », il n'en est pas de même pour la mise en œuvre de techniques dont la visée se réduit à une opérativité de satisfaction des désirs sans faire aucune part des fantasmes dont ils peuvent être l'expression. « La technique, en effet, ratifie telles quelles les pulsions (qu'elle considère tacitement comme des besoins objectifs) et ne vise qu'à utiliser le découplage de l'intelligence humaine par rapport au donné immédiat pour contraindre la nature extérieure à produire les conditions de leur satisfaction illimitée[3]. » Le technologisme, en rabattant le désir sur la Chose dans le temps réel d'une possession ou d'un accès, tend donc effectivement à la parcellisation des pulsions qu'il prétend servir. Michel Hulin fait donc remarquer à propos que « le projet technologique est totalitaire dans son essence même ». Oui, mais ne devrait-on ajouter qu'en raison de son ambition manifeste comme de ses soubassements les moins conscients, le totalitarisme est technologique dans son essence ?

Ce qui caractérise le totalitarisme n'est évidemment pas pour autant réductible à la seule application de la technique à ses œuvres. Ce serait, par les œuvres comme par les techniques qui leur sont associées, la prégnance d'une tentative d'abolir le temps, de réaliser cette Chose imparlable au travers d'actes monumentaux qui en abritent l'existence. Même dans ses réalisations les plus remarquables, du point de vue esthétique par exemple, une inquiétante étrangeté met en alerte comme si, quelque part, invisible, la mort se trouvait scellée sous la pierre nous entraînant dans le vertige de son éternité figée. Même objet de culture après peut-être l'avoir été de culte, on sent qu'il s'agit d'autre chose, inhabitable pour l'homme sinon à en établir son recel comme en geôle.

Le totalitarisme ne peut qu'afficher le masque d'une culture dont les œuvres témoignent de ce que chaque mortel puisse se reconnaître en elles comme participant à l'aventure collective. Le totalitarisme, à partir de ses présupposés inconscients de négation du temps, ne peut, en effet, que détourner la culture de sa fonction essentielle qui est de fournir les références utiles à l'établissement d'un sentiment de continuité temporalisé. Cette temporalisation est ce qui permet à chacun de se penser par rapport à un ensemble défini, limité, même s'il est considérable par rapport à la durée d'une vie. Elle désamorce l'angoisse d'un vide sans limite contre laquelle s'élabore le fantasme de totalité. Ce fantasme ne cesse cependant d'exercer une forte résistance. Elle provient sans doute de ce que derrière l'angoisse du vide se trouve le désir de cette plénitude que l'on peut identifier comme nostalgie de l'antériorité des temps heureux de l'inconscience.

NOTES

1. *De l'élection*, Aubier, « La psychanalyse prise au mot », 1986.

2. Jacques Lacan, *Le Séminaire*, Livre VII, *L'éthique de la psychanalyse, op. cit.*, p. 157.

3. Michel Hulin, *La Mystique sauvage, op. cit.*, note n° 1, p. 228.

VII

UN MONUMENT À LA PULSION DE MORT

On ne peut qu'être frappé par l'importance donnée aux représentations allégoriques sous les dictatures. De l'architecture mussolinienne à l'appareillage nazi en passant par la profusion statuaire de l'ère stalinienne, le gigantisme capte l'attention autant qu'il distrait le regard d'une observation plus fine. Seule, la dimension s'impose, aveuglante. Elle absorbe le trait, le détail en quoi se reconnaît la présence de la vie. Ces formes écrasantes défient le désir d'identification. Elles règnent sur l'inhumain.

Pénétrant dans le *Valle de los Caídos*, le visiteur après avoir franchi le poste de garde doit parcourir les quatre kilomètres de route qui le séparent du sanctuaire. Il traverse forêt et ponts déserts avant d'arriver au bas de la gigantesque esplanade au-dessus de laquelle se dresse une croix de cent cinquante mètres. Au pied de cette dernière les silhouettes douloureusement courbées des apôtres semblent autant d'aigles au regard de pierre.

Bien que rien ne l'y invite, le promeneur se dirige vers l'entrée de la crypte, creusée dans le roc. Sitôt franchi le seuil, le jour s'éteint et de l'ombre surgissent les deux anges guerriers qui ont la garde de ces lieux. Appuyés sur leur épée, ils dominent le passant minuscule de leur haute stature métallique.

Longeant les parois de basalte où très savamment se mêlent la pierre de taille et le roc naturel, le visiteur éprouve une impression de malaise. Il se sent observé. En effet, de niches surélevées émergent les formes inquisitoriales de personnages au visage à demi masqué. Lorsque enfin, après avoir longé cette haie inquiétante, il parvient à la nef au centre de laquelle se trouvent les stèles funéraires de Primo de Rivera et du général Franco, il se sentira immobilisé par les anges dont les immensités anthracite cernent le transept comme pour interdire toute divagation. Tentant alors de retourner sur ses pas, notre quidam se heurtera à la lumière devenue si éblouissante qu'elle lui paraîtra occulter la sortie plus sûrement encore que les lourdes portes de bronze.

Un monument à la pulsion de mort

Le *Valle de los Caídos* règne sur les dépouilles de quarante mille soldats de la guerre civile. Le monument, dont la construction dura huit ans, fut commandé par le généralissime Franco qui en fit sa tombe, animé sans doute par un esprit de discrétion et d'humilité remarquable. On ne fait guère de publicité sur l'envoi pour l'exécution de ce titanesque chantier de prisonniers ayant appartenu à l'armée Républicaine vaincue en 1939, qui paraît-il y périrent nombreux. Il est possible que leur mort ait rendu plus vraie l'affirmation que le mémorial était dédié aux victimes des deux camps. De toute manière, le *Valle de los Caídos* ignore superbement ce pour quoi il fut édifié. En rien il ne s'offre à l'expression du deuil des survivants de la guerre ; en rien il ne glorifie « los Caídos », ces soldats endormis pour toujours sur les champs de bataille. Le mémorial vise un tout autre effet : celui d'imposer qu'il n'existe littéralement « pas âme qui vive » au regard du Pouvoir. C'est sans doute pourquoi les symboles chrétiens dont le mausolée abonde y paraissent étrangement déplacés, pervertis. La croix elle-même évoque une sorte de construction militaire, entre le canon et le blockhaus, dirigée contre le ciel. Sa démesure suggère davantage l'ambition que la foi et l'appel au religieux ne parvient pas à masquer le mépris de l'humain.

Le *Valle de los Caídos* n'est, en effet, pas plus un monument aux morts qu'un cénotaphe élevé à la gloire de Mars. Ce qu'il suggère très fortement est plutôt la toute-puissance de la Mort mise au service du pouvoir qui la représente. L'inquiétante étrangeté qui émane de ces lieux tient à ce qu'aucune image de la mort n'y apparaît dans sa fonction d'occultation des signifiants de la pulsion. C'est la raison pour laquelle la mort y est absolument présente.

Le *Valle de los Caídos* témoigne de l'existence d'un clivage entre notre notion de la mort — la vie est l'ensemble des fonctions qui résistent à la mort, écrivait Bichat — et celle de la pulsion opérant dans la direction opposée. Le fascisme isole la pulsion et en fait la caution d'un pouvoir qui dès lors ne se fonde plus sur ses capacités d'organisation de la vie mais sur ce qui de la mort régente la vie. A la limite, ce qui est visé n'est point tant d'assujettir des hommes à un système politique que de contrôler la mort au moyen de sa représentation par le politique.

Ce fantasme, celui du contrôle de la mort, s'oppose dans une symétrie en miroir à la croyance religieuse d'une vie éternelle fondée sur l'immatérialité de l'âme. Toute spiritualité en est évacuée au profit d'un imaginaire s'étayant sur la toute-puissance de l'antériorité (l'avant-mort) à laquelle, finalement, revient l'idéalisation de la mort comme ce qui lui serait le plus proche. La terre, le sol, la race prennent alors une valeur de représentation de cette antériorité dont la réalisation fait appel à la pulsion de mort.

Le *Valle de los Caídos* est sans doute le plus grand, sinon l'unique, monument à la pulsion de mort que l'homme ait jamais osé édifier.

VIII

OPACITÉS ET RÉSURGENCES
DE LA PULSION DE MORT

Il est remarquable que ce qui se trouve à l'état le plus inconscient pour chacun de nous se manifeste presque à livre ouvert sur le plan collectif. L'Histoire en est le palimpseste. C'est ainsi que la pulsion de mort, si difficile à repérer en clinique, se voit révélée et comme mise à nu par des réalisations monstrueuses dont le surgissement brusque, comparable au passage à l'acte psychotique, engage toute une collectivité.

Si, comme le soutenait Freud, il n'y a finalement que de l'inconscient collectif, deux questions doivent se poser : la première concerne la nature du refoulé lié à l'existence de la pulsion de mort ; la seconde porte sur ce qui provoque le retour de ce refoulé à un moment plutôt qu'à un autre.

Il peut paraître paradoxal d'affirmer que le refoulé lié à la pulsion de mort ne procède pas de l'action du refoulement, tel que Freud en décrivait le mécanisme, c'est-à-dire du rejet hors du conscient de ce qui est, à un moment donné, ressenti comme incompatible avec la vie de l'individu. La nature de ce refoulé très particulier le place d'emblée hors de la conscience[1]. En effet, l'antériorité dont nous parlions plus haut pourrait être située à l'origine de tous les refoulements comme ce qui fixerait ces derniers à l'inconscient le plus originaire qui puisse être conçu : une sorte d'engramme du développement cérébral. L'ontogenèse serait bien, selon cette hypothèse, répétition de la phylogenèse dans une dynamique de transmission de données primitives corrélatives à la formation de l'inconscient individuel. Cette étape peut alors logiquement être envisagée comme formatrice d'un inconscient originaire ayant pour particularité de ne procéder d'aucun refoulement.

Cet inconscient primitif, totalement inaccessible, se confond avec ce qu'il en serait d'un refoulé originaire ; il ne peut que demeurer occulte du fait qu'il « initialise » toutes les opérations ultérieures du refoulement constitutives de l'inconscient proprement dit, tel que ce dernier apparaît au cours d'une analyse en arrière-plan des processus conscients.

La pulsion de mort, dont l'objet n'apparaît pas, s'identifie aux voies progrédientes de la régression topique dont elle est issue. La réalisation de l'homéostase évoquée par Freud comme le but de la pulsion de mort peut s'expliquer par l'extrême tension dont on peut supposer que le système nerveux fut le siège au cours de sa maturation. Cette tension pourrait, en toute hypothèse, être la source de la pulsion de mort, lui conférant son énergie en même temps que sa direction en court-circuit afin d'obtenir la cessation de cet état.

Dans le cadre de ce repérage, il apparaît que la pulsion nommée par Freud *Todestrieb*, n'est orientée vers la mort que de manière seconde et, en quelque sorte, par erreur. Le but premier de la pulsion ne serait pas la réalisation de la mort mais l'abolition d'une tension que de récents développements en neurobiologie permettent de supposer spécifique de la maturation de l'embryon[2]. Plus que de mourir, il s'agirait donc de vivre à l'abri de la souffrance et la pulsion primitive serait, en fait, conservatrice. C'est dans un second temps que cette pulsion tendrait effectivement vers la mort en demeurant fixée à son but régressif : on ne peut pas vivre à reculons ! La pulsion de mort serait sans doute mieux nommée pulsion d'immobilité ou pulsion d'homéostase.

Sur le divan, la pulsion de mort ne s'entend jamais directement : elle peut seulement s'écouter en arrière-plan des diverses représentations du jeu pulsionnel et tout particulièrement dans le désir parfois exprimé de tuer celui ou celle dont les activités sont vécues sur le mode de la persécution. En général, il s'agit de bruits. Quoi de plus intrusif que le bruit puisqu'il frappe un organe incapable de se fermer.

Le bruit place l'autre en dedans, mais cet autre a la particularité d'être remuant, agité, ce qui le distingue de l'autre pensant et interpellant de la paranoïa. C'est le *remuement* que le sujet souhaite « tuer » en évoquant son désir de meurtre envers le perturbateur qui se manifeste à une place ressentie comme interne.

L'horreur du bruit provient probablement de ce qui est associé au mouvement là où ce dernier suppose effort et résistance, ce dont la traduction sonore la plus « énervante » est le grincement. A contrario, la musique réharmonise ce bruit fondamental que l'on peut associer aux réminiscences lointaines des tensions de la maturation. Son rythme réorganise peut-être, en les rendant de ce fait moins douloureuses, ce qui fut, au stade de l'anticipation de l'audition, « plein de bruit et de fureur ».

L'aspiration au silence des pulsions peut prendre diverses formes allant de l'aspiration au silence tout court au goût pour le vacarme propre à étourdir les voies et les voix intérieures. Entre ces deux positions extrêmes peut se placer le désir d'un langage échappant encore à la dureté séparatrice de l'articulation. J.-J. Rousseau décrit fort bien la visée profondément réconciliatrice de ce fantasme : « Comme les voix naturelles sont inarticulées, les mots auraient peu d'articulations ; quelques consonnes interposées, effaçant l'hiatus des voyelles, suffiraient pour les rendre coulantes et faciles à prononcer. En revanche les sons seraient très variés (...), en sorte que les voix, les sons, l'accent, le nombre, qui sont de la nature, laissant peu de choses aux articulations, qui sont de convention, l'on chanterait au lieu de parler[3] (...). » Du fond de sa sensibilité et de son irritation, l'auteur des *Rêveries* nous conduirait à penser le langage comme une acquisition rendue traumatique par la perpétuelle réactualisation des coupures sous forme d'articulations et d'oppositions phonématiques qui sont pourtant nécessaires à son fonctionnement. C'est peut-être une des raisons pour lesquelles la pulsion de mort ne se dit pas et que d'une certaine manière son *chant* est celui du silence.

C'est un silence de même provenance qui parfois s'entend au cours d'une analyse et qu'il faut distinguer de l'expression d'une « résistance ». C'est d'autre chose qu'il s'agit, dans le hic et nunc de la pulsion d'homéostase et la traversée de l'angoisse qui lui faisait obstacle. Les rapports foncièrement sous-tendus d'agressivité du moi et de l'autre s'en trouvent suspendus, voir modifiés. Tout se passe comme si cette « mort » donnait congé aux identifications négatives dont le moi forge ses limites.

Sacha Nacht en a donné la description issue de son expérience clinique, sensible et passionnée. Il voyait dans ce silence particulier, silence du silence pourrait-on dire, la réalisation de la relation fusionnelle perdue dont l'analyste accueille la reviviscence momentanée, reviviscence ayant un effet de restauration à partir de laquelle il devient possible d'« intégrer » de nouvelles relations objectales[4]. Le poète Claude Vigée exprime parfaitement, à sa manière, ce dont il était question dans « la relation non verbale » : « Un lieu de toute confiance dont le silence est la métaphore[5] ».

Il n'y a qu'une apparente contradiction entre cet aspect positif du silence, que Vigée place « en amont de chaque naissance », et l'existence de la pulsion d'homéostase dont il serait une des manifestations. En effet, la réalisation partielle du but de la pulsion dite de mort permet sans doute le réinvestissement d'une partie des forces, devenues alors inutiles à la réalisation de cette tendance, dans le registre de la vie.

A contrario, les agitations et les inquiétudes, si souvent dénoncées comme facteurs de « stress » dans la vie moderne, ne peuvent qu'activer la pulsion d'homéostase. La mort, dont l'inconscient ne connaîtrait rien, risque alors de prendre la place du repos en empruntant, selon la structure psychique dominante, les voies du corps (somatisations parfois mortelles), ou celles de l'agressivité destructrice.

Comme toute pulsion, la pulsion de mort réalise son « destin » à partir du jeu des différents signifiants qui en sont les représentants psychiques. Ces représentants participent eux-mêmes de l'agencement de l'appareil symbolique, du langage, qui constitue l'ensemble référentiel du sujet. C'est dire que le destin de la pulsion ne peut être conçu comme autonome ; il emprunte les modalités, les directions et les singularités des voies symboliques, celles mêmes à partir desquelles Lacan positionnait l'Inconscient comme étant « structuré comme un langage ».

Toutefois, il est difficile de ne pas reconnaître une certaine spécificité de la pulsion de mort, liée à son caractère antécédent ou primitif. De ce fait, elle aurait tendance à fonctionner en « marge » des orientations de l'appareil symbolique et, en quelque sorte, à venir « surprendre » ce dernier. On peut même avancer que seule son intrication avec les autres pulsions la rend sensible au symbolique.

La pulsion de mort va donc se manifester selon deux « entrées » opposées. La première pouvant être décrite comme stricte régression à la pulsion d'homéostase primitive provoquée par un traumatisme dont le choc « délie » l'ensemble pulsionnel par suppression ou mise entre parenthèses des objets nécessaires au fonctionnement de ce dernier ; la seconde par défaillance du symbolique au niveau d'une articulation possible de la pulsion de mort avec les pulsions de vie. Cette dernière occurrence intéresse non seulement la clinique individuelle mais aussi le fonctionnement social.

NOTES

1. *Cf.* notamment le chapitre intitulé « Le paradis perdu », p. 41.

2. *Cf. L'épigenèse par stabilisation sélective propre à la maturation du système nerveux central* (J.P. Changeux, P. Courrège, A. Danchin). La question d'une sorte de mémoire ou d'inscription inframnésique de la perte peut également être posée par extrapolation des processus sélectifs de constitution de la mémoire. Ainsi : « La sélection qui opère sur les répertoires neuronaux induit des modifications dans des myriades de synapses à mesure que les cellules meurent ou se différencient. Du fait de la survie et des déplacements de l'animal dans le monde, des catégories perceptives et conceptuelles ont constamment lieu dans les cartographies globales. La mémoire interagit dynamiquement avec la catégorisation perceptive par l'intermédiaire de connexions réentrantes. » Gerald M. Edelman, *Biologie de la conscience, op. cit.*, p. 219.

3. J.-J. Rousseau, *Essai sur l'origine des langues*, GF. Flammarion.

4. *Cf.* Sacha Nacht, « Le silence facteur d'intégration »,

Opacités et résurgences de la pulsion de mort

Communication faite au XXIIIe Congrès international de Psychanalyse, Stockholm, juillet 1963, in *Guérir avec Freud*, Petite Bibliothèque Payot, 1971.

5. *Dans le silence de l'Aleph*, Albin Michel, 1992.

IX

A L'AISE DANS LA BARBARIE
OU DE LA PULSION DE MORT
DANS SON RAPPORT AVEC LA MODERNITÉ

> « Tout ce qui pousse dans le désert planétaire croissant, que les échafaudages de toutes sortes surpeuplent, a beau être pris dans les treillis de la comptabilisation générale, des théories du symbolisme, des pratiques du calcul des probabilités et même du calcul intégral, des fonctions instrumentales, de la planification mondiale et des opérativités techniques, toute cette entreprise de la société industrielle avancée et de ses annexes — conjointement sous-tendue par une nostalgie archaïsante et une utopie constitutive ou régulatrice — n'en demeure pas moins désertique[1]. »
>
> KOSTAS AXELOS.

La connaissance a de tout temps été liée à l'idée de mort. Les mythologies en témoignent : de l'histoire d'Eve à celle de Prométhée, en passant par le

97

drame d'Œdipe. Il n'y aurait sans doute aucune science si l'homme n'avait la conviction de sa mort. Cette conviction s'apparie à l'idée de castration en formant avec elle l'origine de la source symbolique ; elle donne également tout son poids à la crainte qu'une « petite chose », selon l'expression de Freud, puisse se détacher du corps.

Mais ce qui se détache du corps est d'abord ce qui se sépare d'un corps, l'enfant, et cette séparation est vite associée à l'absence, à la perte, à la mort puisque cette dernière représente, en même temps que la castration maternelle, ce dont nul ne revient.

Ce qui se détache du corps organise ainsi la circularité au fondement incestueux du passage de la vie à la mort à partir duquel le désir de savoir donne son impulsion à la connaissance comme ce qui se rapporte fondamentalement au mystère de la procréation[2].

L'inceste est ce qui boucle l'organisation vitale, aussi bien psychique que biologique, sur une référence originaire. Il définit un système clos, soumis à entropie[3].

La pulsion de mort, ou pulsion d'homéostase, apparaît sous cet éclairage comme la pulsion incestueuse par excellence. Elle est la pulsion qui referme le système sur lui-même et l'engage dans une dynamique qui est celle de l'entropie.

Cette articulation structurelle entre pulsion épistémophilique et pulsion de mort doit avoir pour conséquence ultime la dégradation de l'énergie vitale. *In ultima ratio*, la science représenterait l'état le plus avancé de l'entropie du système humain[4].

L'acte manqué de l'homo sapiens est la mort.

Cette suite logique ne recouvre évidemment pas toute la réalité. Nous ne vivons pas dans un système isolé pour lequel s'appliquerait intégralement le second principe de la thermodynamique. La science contribue aussi à ouvrir et à établir des relations entre systèmes que l'on pouvait considérer comme sans rapport les uns avec les autres. Elle met en jeu les pulsions vitales et, à sa manière, en oriente la maîtrise. Trop, peut-être[5]. Aussi doit-on se préoccuper de tout ce qui ouvre la voie à une désintrication des pulsions, désintrication susceptible de laisser le champ libre à la seule pulsion de mort. C'est sur ce point particulier que les technologies évoluant vers un mode de fonctionnement autonome sont à prendre en considération. L'exclusion du sujet désirant en aval de leurs applications ne répond, en effet, que trop bien et trop directement au vieux rêve de l'abolition de ce dernier dans le nirvana d'une homéostase enfin réalisée. La machine cybernétique devient incestueuse là où, obéissant à la rigidité de son programme, elle oblige son utilisateur à s'y soumettre, réduisant alors le rôle de ce dernier à celui d'assurer le « feedback » du circuit d'information nécessaire à la fermeture du système sur lui-même.

Un tel appareillage, que les dispositifs de l'intelligence artificielle sont susceptibles de pousser très loin, abolit l'écart entre signifiant et signifié pour le projeter dans l'ordre du signe. Ainsi se trouve actualisée, sur le mode de l'arc réflexe, la présence d'un réel machinique qui contiendrait l'individu en même temps qu'il en serait l'extension. On reconnaît là une figuration d'utérus totalitaire dont le fœtus demeurerait captif... d'*un utérus sans corps maternel*, là où ce dernier est porteur d'un désir d'enfant, ce qui dialectise souffrance et plénitude de la grossesse avec la parturition comme perte, venue au monde d'un être vivant, et implicitement inscription dans une temporalité dont le terme est la mort.

La technologie médicale ne s'est-elle pas donné à son tour les moyens de réaliser ce que la technique informatique n'a fait sortir du fantasme que pour le projeter dans la réalité sociale ? Faire des enfants sans corps porteurs, des « bébés-éprouvette », boucle dans le réel la circularité aliénante des effets de maîtrise du signe sur le signifiant.

Au summum de la réussite technologique triomphe la pensée magique. Un signe exauce le désir ; un signe remplace le fantasme par une réalité bien palpable. A ceci près que le sujet est devenu lui-même un signe parmi d'autres, et que son désir n'est reconnu que pour sa valeur fonctionnelle : une petite valence sociale interchangeable et remplaçable. Dans notre société, ce sujet, signe du signe, porte un nom : c'est le consomma-teur. Il est l'enfant chéri des statistiques ; on s'arrache son nombre.

A elle seule, la réduction des subjectivités à l'indice numérique affecté à leur représentation organise la voie d'une dérive symbolique. Cette dernière tend, en effet, à confondre les singularités individuelles dans des opérations de prise en masse du désir ramené à des demandes auxquelles la col-lectivité est d'autant plus censée répondre que ces dernières sont produites par son propre fonctionne-ment.

Par sa tendance à établir la généralisation de la solvabilité des demandes engendrées par son écono-mie, la modernité[6] masque son idéal fonctionnel avec des restes humanistes et égalitaires dont on peut dire qu'ils ne sont plus que le voile des réifi-cations produites par le système. Parmi ces effets, et en premier lieu, l'absorption de la politique par la gestion. Elle induit un flottement dans les choix et les décisions dont les référents symboliques s'effacent au bénéfice d'opérations de pesées. Dans un tel contexte, on peut, par exemple s'interroger, comme l'on fait certains responsables, sur le bien-fondé des aides humanitaires, jusqu'à entrevoir qu'à l'insu des participants, elles pourraient constituer une subvention indirecte au marché des armes en attendant d'ouvrir à d'autres marchés. Mais si la générosité, ici, se paye trop souvent de morts, c'est peut-être qu'elle ne trouve appui que sur quelque chose de déjà mort. Dans un tout autre ordre d'idée, l'abandon du symbolique au profit du gérable trouve également sa manifestation dans l'imputation faite au seul chômage de la responsabilité de crimes ou de délits sans voir plus loin que l'irresponsabilité du sujet devant son désir insatisfait, là où un manque de parole — au sens structurant d'un dire de la loi — est manifeste.

Le langage de la publicité nous avait déjà habitués à entendre désigner le sujet comme une « cible ». Nous retrouvons cette forme de neutralité toute militaire dans les manœuvres de l'art, tel que Marc le Bot en faisait le constat : « Voici que s'impose, ici aussi, une logique de l'équivalence générale, de l'interchangeabilité de tout avec tout, des variations accélérées et des recyclages de la mode. Le travail lui-même de la représentation est pris en charge par un nouveau type d'instruments : par les "objectifs" de la prise de vue et, désormais, par l'image numérique, afin de soumettre plus sûrement tous les visibles à des normes formelles constantes et à les réduire plus aisément à des "spectacles" normalisés qui deviennent équivalents entre eux, en effet, et interchangeables dans le cadre de la médiatisation culturelle[7]. »

L'équivalence des objets n'est pas, dans ce

contexte, une simple illustration de la thèse freudienne sur l'interchangeabilité des objets de la pulsion. Ce dont il est question est tout autre : il s'agit d'une réduction des objets à leur spécularité aboutissant à un effet de miroir désubjectivant. Tout se passe comme si l'objet était en fait *produit* par son image et, à partir de là, investi d'une fugacité équivalente à cette dernière. La production par l'image de ces objets pourtant réels et nécessaires à la vie s'accompagne, à la télévision, de la présence-image des présentateurs, êtres familiers autant que labiles, dont les apparitions quotidiennes, mêlées aux scènes d'horreur d'outre-monde, ne peuvent que contribuer à brouiller les repères déjà fragiles du spectateur.

Cette interchangeabilité trouve sans doute sa réplique exacerbée dans les formes ségrégatives promues « cultures des minorités ». Elles apparaissent et se généralisent, notamment aux U.S.A., en réaction à des malaises identitaires contre lesquels elles proposent l'identification récupératrice du sujet à un groupe. Mais cette vieille ficelle de la « *Massenpsychologie* », dont Gustave Le Bon dénonçait déjà les effets régressifs et aliénants, ne peut, évidemment, que contribuer à exclure davantage l'individu d'une société fondée sur des critères de civilisation plus universels.

La horde serait-elle une réponse aux difficultés

d'identification liées au fonctionnement des sociétés postindustrielles ? Si telle était l'évolution, l'éclatement du tissu social impliquerait sans doute une réévaluation des formations actives de l'inconscient. L'angoisse devant les dangers réels (*Realangst*) prendrait alors le pas sur le refoulement ainsi que sur l'ensemble des contre-investissements qui en sont issus et forment la base de notre culture. La régression à laquelle nous aurions affaire et dans laquelle nous serions nous-mêmes immergés ne serait pas sans analogie avec la régression psychotique. Devenu un élément quelconque d'un monde aux limites incertaines, le sujet des interchangeabilités ne pourrait, en effet, que craindre de se perdre dans les émergences asymboliques du réel. Son angoisse, tel l'éternel retour, nous reconduirait aux aubes de l'humanité avec des connaissances et une science en plus.

Prendre en compte la part d'occultation du réel entrant dans cette évolution, c'est aussi essayer de comprendre ce qu'il peut en être de sa reprise culturelle dans un discours devenu de moins en moins capable d'assurer les refoulements nécessaires au maintien de la civilisation. Tenter de saisir ce qui d'une manière permanente s'exprime à partir d'un constant retour du refoulé implique de se heurter aux contradictions opposant les fondements culturels de notre existence avec les nouvelles donnes de la « modernité » qui tendent à réactualiser les plus anciennes tensions opposant les désirs primaires, les instincts comme on disait, aux renoncements nécessaires à la survie collective.

Le danger majeur provient sans doute de la prévalence des techniques sur tout mode d'investigation les mettant en œuvre. Au travers de ce processus, c'est l'objet qui finit par dicter sa loi et par générer diverses applications qui découlent de son seul fonctionnement[8]. L'artifice tend ainsi à prendre la place du réel. On peut tout à fait s'interroger sur les fondements véritables d'un tel glissement, comme on est conduit au cours d'une analyse à repérer ce qui participe du déplacement ou de la substitution. Ce qui se présente à l'esprit le plus immédiatement (sans même avoir besoin de se référer à la critique heideggérienne de la technique, critique de substitution par rapport au silence du philosophe sur le nazisme) est justement la Seconde Guerre mondiale comme étant non seulement le trauma majeur le plus récent de l'humanité, mais aussi le plus énigmatique de par l'effectivité de l'idéologie nazie. En amont immédiat du complexe socioculturel habituellement désigné par le concept de « modernité », on trouve en effet le nazisme comme idéologie et les camps de la mort comme première réalisation technocratique de la pulsion de mort. Comme le fait remarquer Enzo Traverso dans une étude récente[9], « si Auschwitz n'était pas le débouché inévitable de la société industrielle moderne, cette dernière en a été l'une des prémisses et s'est révélée parfaitement compatible — on dirait presque liée par une relation d'"affinité élective" — avec le système taylorisé de production de la mort ».

Au centre de l'horreur se cristallise et se généralise alors la possibilité de détruire l'homme comme on le ferait de n'importe quel objet encombrant. A la limite, le nazisme n'est même plus assassin dans ses œuvres de mort, il n'est que destructeur de ce qu'il juge altérer son hygiène. Les responsables de l'application de la solution finale parlaient de leur « travail » du même ton accablé que l'on peut prêter au directeur d'une usine d'incinération d'ordures ménagères en passe de rupture de ses capacités de traitement. L'application du plan prime sur toute autre considération, c'est-à-dire dénie la question de l'existence d'un sujet.

Le paradoxe de la psychose nazie est qu'en promouvant l'imaginaire pureté d'une race de seigneurs, elle aboutit, par ab-jection, à ne faire que de l'objet. L'antisémitisme est, sur ce plan, essentiel au nazisme, pour la raison que les juifs incarnent, en tant qu'inventeurs du monothéisme, ce qui soumet la pulsion à la loi et interdit l'ab-jection. Paraphrasant Freud de manière transversale pourrait alors s'énoncer que *là où était la loi, le nazi place l'ombre de l'objet*. En cette ombre, la « chose » se re-présente, elle est morceau du corps, organe, déchet jusqu'à ce qu'on la masque à son tour en lui donnant la forme de l'utilitaire ; savons, abat-jour, comme en retour du refoulé dont elle marque l'anéantissement, propreté, lumière.

Aujourd'hui, les modes de pensée technicienne et technocratique semblent reprendre à leur compte, *mais en les retournant sur eux-mêmes*, bon nombre des éléments imaginaires du nazisme dont la réalisation traumatique produisit la forclusion. Au titre de cette dernière, soulignons, non seulement la béance symbolique laissée par la fusion de la fin mortifère et du moyen, du génocide et de la technicité, mais aussi la fantastique dérive, réactualisant la mort du père (au sens freudien du premier meurtre fondateur), que la Shoah est venue induire.

Le réel n'est plus, en effet, ce que la science aurait pour but d'éclairer mais la science elle-même, ses productions théoriques et les techniques qui en sont inspirées. De ce fait, et parce que la science en est venue à constituer l'essentiel de ce qui est échangeable dans l'économie postindustrielle, le sujet, que l'on pouvait dire sujet de la science (Lacan), en devient l'objet. Il ne trouve plus d'autre loi que celle de ce marché dont il est un élément parmi d'autres. Non qu'il ne soit pris en considération, bien au contraire même, jamais il n'a été plus écouté, mais on ne l'entend plus dans sa singularité. L'indice d'écoute a remplacé l'auditeur et, sans cesse, le sujet-objet est invité à se confronter à une reconnaissance subvertie par le nombre érigé en nouvel avatar de l'Autre. Le sujet de la modernité est compté plus qu'il ne compte.

L'imprégnation du champ social par l'ensemble de ces facteurs marque le point de départ d'une inflexion historique, susceptible de modifier non seulement le rapport du sujet au désir, mais aussi le fragile équilibre qui établissait l'état de civilisation au prix du refoulement, de l'inhibition des pulsions agressives et de leur introjection sous la forme du sur-moi. Ces trois données psychologiques de la civilisation reposaient sur la notion d'une identité entre les individus de la même espèce, identité non exempte de conflits mais suffisante pour permettre qu'une identification de tout homme à tout homme serve de fondement à la Loi. Nous venons de voir que ces fondements identitaires de la civilisation avaient été gravement remis en question.

Ce danger ne peut que se trouver renforcé par le fait que la prévalence des techniques caractérisant la modernité engendre un double état de tension : interne, c'est la question ouverte des déviances pulsionnelles qu'elle peut provoquer ; externe, par les disparités considérables qu'elle génère entre riches et pauvres, entre nations industrialisées et tiers monde. La rapidité de circulation des informations et des personnes ne peut qu'accentuer l'effet de ces écarts. Mais ce danger est encore accru d'être analysé comme remédiable par une égalisation des niveaux, égalisation ne pouvant que reproduire et étendre les traumatismes issus des pratiques de la modernité. L'histoire récente de l'Iran a du reste bien montré la tragédie à laquelle pouvait aboutir une politique d'occidentalisation forcée : la dictature du « progrès » ouvrit la voie d'une révolte qui bien vite dégénéra en fanatisme religieux.

Il est frappant de constater combien l'islam, religion tierce par l'emprunt tardif de ses fondements au judaïsme, prend aujourd'hui le relais de la fonction idéologique du judéo-christianisme devenu inséparable des grands et petits satans de la civilisation occidentale. Ce que l'islamisme est en train de produire aujourd'hui présente quelque analogie avec le rôle de l'Inquisition venue sous une forme perverse marquer de son sceau le vide symbolique consécutif aux grandes épidémies médiévales.

Dans un tel contexte le refoulement, bien que toujours existant, ne paraît plus être l'opérateur central d'états pour lesquels le qualificatif de névrose ne s'applique que dans l'à-peu-près d'une certaine secondarité. Le concept lacanien de forclusion[10] conviendrait sans doute mieux à ces états si l'on n'en avait pas abusé et trop fait le pont aux ânes d'une étiologie devenue elle-même quelque peu forclusive de la question du sujet. Au demeurant, il s'agirait peut-être plus d'occlusion, de gel, voire de déni que de forclusion au sens où rien n'est éteint de ces signifiants que leur liaison avec d'autres. Nous dirons, un peu rapidement peut-être, que l'isolement de tels signifiants procède de la pulsion de mort. Les sujets de ces signifiants isolés seraient, de ce fait [« un signifiant représente le sujet pour un autre signifiant » (Lacan)], signifiés pour la mort. L'inversion, le retournement d'Eros, c'est cela : fabriquer du lien social à partir de la pulsion de mort, en collusion de signifiés venus en place de signifiants.

En ne cessant de dériver les désirs en demandes orientées vers les nouvelles productions générées par la technique, la société postindustrielle place sa survie sous le signe manifeste d'une croissance dont elle semble ignorer qu'il ne s'agit que d'une forme d'entropie pour laquelle l'objet fait fonction de masque. Elle se place ainsi sous le signe de la pulsion de mort.

La sexualité elle-même se trouve intégrée à cette économie. Partout se trouve pressentie l'évanescence du sujet face à l'Histoire. D'un sujet que nous dirons devenir de moins en moins « historisable » du fait de l'implosion de son histoire personnelle dans une histoire collective où la marque des désirs parentaux s'égare. Ce qui fait résurgence et, dans certains cas enchaîne, serait alors à repérer dans des signifiants isolés, ne renvoyant plus à d'autres signifiants mais seulement au sujet pris comme signifié des coupures dont il est devenu le représentant. L'exemple nous en est donné par la détresse de ces enfants d'immigrés d'anciennes régions colonisées pour lesquels un signifiant « quelconque » vient blasonner l'identité et l'histoire.

L'intégration de la psychanalyse dans la culture contemporaine a, par ailleurs, sans doute contribué au déplacement des conflits d'origine sexuelle générateurs de refoulement ; elle a également modifié l'activité de censure en retirant à cette dernière sa valeur d'analogon externe du refoulement fondé sur la limitation sociale de la sexualité. De ce fait, censure et refoulement sont devenus d'autant plus difficiles à identifier qu'ils ne correspondent plus exactement aux fonctions de protection du moi qui étaient les leurs dans la théorie freudienne. En se disant, en se proclamant même, ils ont acquis la valeur narcissique attribuée au savoir, mais leur « sur-exposition » ouvre la voie à de nouvelles formes de retour du refoulé. Cette sur-exposition, rendant tout visible, tend à dissocier le sexuel du symbolique. Ce qui fait alors retour n'est plus, comme dans toute névrose, le refoulé de la sexualité mais une fragmentation du réel le concernant ; fragmentation que l'image contribue à objectiver plus qu'elle n'en permet la reprise « imaginaire » par le moi. Cette mise en scène, ou cette mise sur scène, tend à occuper la place du sujet et à donner à ce dernier le statut d'un refoulé particulier dont la situation est celle d'être exclu, *par un trop-dire*, du refoulement. Ainsi apparaissent, entre autres, des images de maîtrise sur une jouissance assimilée au bon fonctionnement, ou à l'hyperfonctionnement de corps machiniques que l'on retrouve dans la réalisation de fantasmes prenant la forme de la création d'individus définis génétiquement. On peut rattacher à ce point d'inflexion la constatation qu'aucune croyance, aucune idéologie ne s'avère plus capable de permettre au sujet d'établir son désir selon un rapport de transcendance. En réaction à ce manque d'Autre, il n'est plus guère que des interchangeabilités d'objets où se recherche la marque d'un désir devenu évanescent face à ce qui se trouve spécifié comme autant de prédominances du besoin.

Le retournement de la pulsion de mort sur le sujet s'effectue à partir de l'équivalence établie entre désir et objet au service de la nouvelle société marchande[11]. Il est surprenant, mais absolument pas contradictoire dans la mise en perspective de l'action de la pulsion de mort, de constater que si la satisfaction de besoins réels est affaire vitale pour toute une partie de l'humanité, les nations riches ne cessent, quant à elles, de promouvoir les formes fugitives autant qu'insistantes du manque de rien. C'est ainsi qu'indifféremment, ou presque, nous passons d'un produit à l'autre selon les incitations capricieuses d'un marché peu regardant sur la différence qualitative des objets : de la vidéo-guerre du Golfe aux bébés-éprouvette, des collections de pin's aux banques d'organes, etc. L'objet se fait désir, s'efface, renaît sous d'autres formes, s'hallucine. L'hologramme prend la place d'un réel que la langue ne sait plus dire.

Ce qui jadis, dans un lent travail de civilisation, s'effectuait à l'ombre du refoulement se trouve rejeté à la surface. Le retournement de cette civilisation sur les artifices qui l'ont constituée en abolit la dimension seconde. Dans l'unidimensionalité où tout s'égale, l'écart entre le concept et la chose s'amenuise. Selon Serge Leclaire, « la dérive du symbolique est un lent glissement, un insidieux comblement qui tend à faire du symbole un nom de quelque chose ».

Les conséquences observables de cette dérive sont une perte de la valeur des mots. Ces derniers, de se trouver trop étroitement accolés à un code et dépourvus des labilités du signifiant, n'en deviennent que plus fragiles : leur sens se perd à mesure que s'appauvrit le vocabulaire et leur densité de misère occulte pour le sujet, en même temps que la signifiance de son désir, la possibilité de son organisation syntaxique. En arrière-plan d'une accessibilité sans limite aux objets privés du détour de la parole se dessine « le processus par lequel la concentration muselle la parole humaine (...) ». Ce processus « conduit à la réduction de l'homme à une chose, à la substitution de la chose en tant que système de pensée à la pensée de l'homme[12] ».

Cette pauvreté sémantique fait symptôme de l'unidimensionalité induite par le système réifiant dont la vie de chacun dépend. Elle suscite les crises d'identité sauvages auxquelles nous assistons, le racisme et son pendant, l'ethnocentrisme. Elle tend à faire de chacun cet homme égaré dans une foule, prêt à marcher au moindre mot d'ordre, pourvu qu'il mime un signifiant de son identité perdue, aussi soudainement que la raison peut laisser place au délire.

L'économie de marché assimile l'œuvre à un « produit ». En plaçant le signifiant au même rang que l'objet par la valeur d'échange qui lui est conféré, elle en provoque la déshérence symbolique. Le vide ainsi creusé s'offre à n'importe quel remplissage, tant l'absence du symbolique se montre vorace de signifiant.

Il peut être troublant de constater que les effets du libéralisme sauvage rejoignent asymptotiquement ceux engendrés par la pénurie. Rien de bien surprenant pourtant si l'on prend en considération que la déréglementation du marché instaure des fonctionnements identiques, bien que souvent idéalisés, à ceux que la lutte pour la vie rend parfois nécessaires. Seul l'argent fait alors pour un temps écran à la barbarie et la « croissance » devient le garant le plus sûr, et le plus pernicieux puisqu'elle repose sur une constante augmentation de la productivité, d'une civilisation en péril.

Cette situation nouvelle pousse à l'extrême la contradiction interne supportée par l'état de civilisation. Le rapport de renoncement aux pulsions les plus agressives au bénéfice des pulsions sociales désexualisées qui en était le fondement se trouve peu à peu renversé du fait de la sexualisation des pulsions « conservatrices ». Ce n'est plus alors la névrose qui cherche à accomplir « par des moyens privés ce qui dans la société a été engendré par un travail collectif[13] », mais le collectif lui-même qui ne distingue plus sa fonction d'union dans l'altérité de la satisfaction des désirs privés.

La généralisation de ces « moyens », où collectif et privé finissent par se confondre, implique non seulement le rejet de la loi mais la réactivation des éléments que cette loi servait à refouler : le retour du passé dans sa confusion avec l'originaire. Rien n'étant établi de manière linéaire et chronologique dans les phénomènes psychiques, ce retour, assimilable au retour du refoulé, met sur scène et le meurtre originaire, et la réaction de culpabilité à partir de laquelle la loi forgeait ses impératifs. Cette conjoncture est comparable, sur le plan collectif, à ce qui affecte le sujet par la « coalescence » entre la causalité externe où se situe l'accident traumatique et l'ensemble des facteurs internes, fantasmes de mort et culpabilité, susceptible d'avoir un effet psychogène[14].

La télévision confère certainement à ce processus une forte accélération et une grande ampleur. Les effets spéculaires qui lui sont inhérents sont renforcés par l'omniprésence et l'omnipotence de l'instrument d'information. On sait que toute une stratégie sociale passe maintenant par ce défilé médiatique privilégiant de manière presque exclusive le spectacle. La vieille prédominance du visuel sur le conceptuel ainsi recréée s'accompagne alors de cet effet de miroir par lequel l'image devient le support d'identité du sujet comme le fut, aux tout premiers temps de la vie, l'image parentale. En retour, ces scènes, dont le dispositif spéculaire favorise l'introjection, tendent à induire la coalescence traumatique précédemment évoquée.

La société, dominée et fascinée par son reflet dans le miroir des médias, n'est pas loin de se trouver dans la position du chœur antique. Elle parle un sujet qui n'est plus, absorbé dans les rires et dans les larmes de ce *Koros* qui mime son destin. La tragédie ainsi mise en scène occupe une telle place que le sujet ne peut plus se définir que dans les formes dépendantes et aveugles d'un rapport d'inclusion. Son suicide en est parfois le triste symptôme. Ce n'est d'ailleurs point tant la mort qui est recherchée que l'accès, si étroit qu'il en est périlleux, d'une liberté « autre », celle dont les jeux échapperaient à la capture dans le miroir. Les drogues sont aussi les bâtons de ces pèlerins avides d'absence.

Tout comme Narcisse, le sujet de la modernité est appelé à disparaître dans son reflet. Il se heurte à la mise à nu de la pulsion de mort, déliée de toutes les autres pulsions par le piège spéculaire auquel ces dernières sont soumises[15].

Il se peut que la télévision ait moins d'influence négative qu'on ne le pense par l'exposition de scènes de violence. Son action est sans doute beaucoup plus insidieuse du fait qu'elle privilégie la perception visuelle et satisfait le vieux désir de voir sans pour autant mobiliser les autres pulsions du sujet. La dissociation ainsi opérée quotidiennement change la nature du spectacle qui se transforme en un décor panoptique dont le spectateur se retrouve aussi prisonnier que l'était le rêveur de la caverne de Platon. A la différence près qu'il ne s'agit plus là du monde des idées mais de l'univers primitif où s'imposent le vu et l'entendu au nouveau-né dépourvu de toute possibilité d'action.

On prête à la technique d'être à l'origine d'une déshumanisation réduisant le sujet au statut de n'importe quel objet de consommation.

Les progrès techniques qui ont toujours été, depuis la taille du silex, inspirés par le désir de démultiplier les forces humaines sont passés de ce stade démultiplicateur à celui d'un auto-engendrement conduisant à une inventivité propre à·la technologie[16]. L'utilisateur humain devient alors le sujet d'énoncés fonctionnels invalidant toute énonciation singulière. C'est ce qui rapproche le sujet de la science du sujet de la religion, car là aussi le sujet est celui d'un énoncé, le dogme, la « parole » de Dieu. Mais il existe entre les deux une différence essentielle qui tient à ce que les énoncés de la science abordent le réel selon une logique intrinsèque à leur fonctionnement, dans un non-rapport absolu avec le désir humain.

Dans sa relation au savoir, seul le désir est « infalsifiable », pourrait-on dire en reprenant le terme utilisé par Karl Popper, faisant de la « falsifiabilité » (c'est-à-dire de la possibilité qu'un énoncé puisse être réfuté), le critère de la démarche scientifique[17].

Mais que devient le désir dans un ensemble de références dominées par l'infalsifiabilité idéologique des protocoles d'accès au réel, lorsque ces derniers sont contradictoirement présentés comme garants de la vie en même temps qu'ils confortent l'idée d'une référence objective du sujet de la modernité[18] ?

Il se pourrait qu'il tente d'échapper à cette contradiction de deux manières apparemment opposées :

— soit en se prenant lui aussi pour l'un des objets de la science, ce qui rétablit l'homogénéité entre désir et sujet ;

— soit en projetant sa propre irréfutabilité sur un grand Autre plus réel que le réel, ce qui est la formule de l'intégrisme religieux.

Par des voies aussi différentes, chaque mode réalise alors l'aliénation du sujet à un désir qui procède de son exclusion.

Nous avons vu précédemment que tel était aussi le but de la pulsion de mort.

NOTES

1. « Lucien Sebag. Entre le marxisme, le freudisme et le structuralisme », in *Aletheia*, mai 1966.

2. « La connaissance scientifique est l'analogue, sur le plan de l'espèce, d'une psychanalyse sur le plan individuel : elle permet à l'homme de prendre conscience de grands mécanismes qui assurent la stabilité de la vie, l'homéostasie

et la régulation biologique. Ces connaissances nous sont initialement interdites, comme nous échappent — normalement — les battements de notre cœur. Il s'agit là d'activités trop proches de notre existence même pour que nous puissions en avoir conscience, c'est-à-dire les traiter comme des objets extérieurs. L'objectivation scientifique nous permet de lever cette censure et de transgresser ce tabou... » René Thom, in *Encyclopædia Universalis*, article « La science malgré tout », Organum, p. 5-10.

3. L'entropie est une fonction dont les variations permettent de donner une expression au second principe de la thermodynamique, c'est-à-dire, au principe de dégradation de l'énergie dans les systèmes thermiquements isolés. Pour Clausius, qui désigna cette fonction du nom d'entropie (involution en grec), s'ajoutait l'idée que le sens naturel suivi par les phénomènes est celui du reploiement sur soi-même et de la diminution des inégalités. (D'après le *Vocabulaire technique et critique de la philosophie* d'André Lalande, P.U.F.)

4. « Dans ce cas la technique n'apparaît presque plus comme le produit d'efforts conscients humains en vue d'augmenter le pouvoir matériel ; elle apparaît plutôt comme un événement biologique à grande échelle au cours duquel les structures internes de l'organisme humain sont transportées de plus en plus dans le monde environnant l'homme ; c'est donc un processus biologique qui par sa nature même se trouve soustrait au contrôle de l'homme ; car "même si l'homme peut faire ce qu'il veut, il ne peut pas vouloir ce qu'il veut" », écrivait Werner Heisenberg, *La nature dans la physique contemporaine*, N.R.F., Idées, 1962, p. 23, 24.

5. « La technique, en effet, ratifie telles quelles les pulsions (qu'elle considère tacitement comme des besoins objectifs) et ne vise qu'à utiliser le découplage de l'intelligence humaine par rapport au donné immédiat pour contraindre la nature extérieure à produire les conditions de leur satisfaction illimitée. Toutes les grandes civilisations

ont été traversées par la tension féconde qui oppose les exigences de l'éthique et celles de la technique. Mais il s'agissait à chaque fois d'un équilibre fragile, car *le projet technologique est totalitaire dans son essence même.* » Michel Hulin, *La Mystique sauvage, op. cit.*, p. 228, note n° 1.

6. Par ce terme de « modernité », plus ancien qu'on a tendance à le croire, nous ne désignons pas seulement la « qualité de ce qui est moderne » (Littré), mais l'orientation des processus technologiques formant une nébuleuse de caractère politique, celle qui répond, sur le plan de l'évolution des techniques et de leur intégration sociale, au concept de « technologie politique » tel que l'avait avancé Serge Moscovici, in *Essais sur l'histoire humaine de la nature*, Flammarion, Champs, 1977.

7. *Esprit*, n° 2, février 1992.

8. « On est en droit de considérer ces systèmes matériels comme dépendant d'une somme de propriétés qu'ils reproduisent entre eux, autant, sinon plus qu'ils ne dépendent de celles de l'homme et les reproduisent », écrivait déjà Serge Moscovici intégrant le processus technique à « l'état de nature », in *Essais sur l'histoire humaine de la nature, op. cit.*, p. 450. On est aujourd'hui « en droit » de s'interroger sur cette céphalisation et même sur cette sexualisation des « systèmes matériels ».

9. « Rationalité et barbarie », in *Les Temps Modernes*, n° 568, novembre 1993.

10. A partir d'un commentaire de Freud concernant une hallucination visuelle de « L'homme aux loups » (qui avait vu son petit doigt coupé par un canif alors qu'il n'en était rien) : « *Eine Verdrängung ist etwas anderes als eine Verwerfung* » (un refoulement est autre chose qu'un rejet), le rejet s'appliquant ici à celui de la castration symbolique qui fournit le thème de l'hallucination, Lacan « retraduit » le terme de *Verwerfung* par forclusion, ce qui ajoute au simple rejet la connotation juridique d'une action éteinte. Le signifiant forclos n'a plus cours dans l'organisation symbolique

du sujet. Il tend alors à s'imposer à lui dans le réel, éventuellement sur le mode hallucinatoire.

11. « A force de réduire l'économie à un "jeu" de marchés sans frontières à conquérir, en y déversant biens et services de masse à bas prix, on a tout subordonné à la compétitivité : la productivité du travail (la personne n'y compte pas pour beaucoup) ; l'organisation des ressources humaines (en vue d'éliminer les "redondances" et les prétendues "rigidités" du travail) ; la gestion des ressources naturelles et les exigences écologiques ; le rôle des pouvoirs publics, les relations Université-industrie ; les programmes audiovisuels ; l'avenir des industries culturelles, etc. La compétitivité appelle et alimente la guerre. » Ricardo Petrella, « Pour un désarmement économique », *Le Monde diplomatique*, août 1993.

12. André Neher, *op. cit.*, p. 113.

13. « (...) Les névroses sont des formations asociales : elles cherchent à accomplir avec des moyens privés ce qui dans la société a été engendré par un travail collectif. » S. Freud, *Totem et tabou, op. cit.*, p. 183.

14. Th. Kammerer, « Réflexions sur le traumatisme psychique », in *Evolution psychiatrique*, 1967, t. XXXII.

15. « La réalisation des fantasmes où s'éradique l'altérité insinuerait alors dans la psyché de tous un totalitarisme particulièrement pervers : quelque chose comme un camp de concentration de l'âme dont on ne pourrait pas sortir, pour la bonne raison que l'on ignore que l'on s'y trouve. » Monette Vacquin, *Frankenstein ou les délires de la raison*, François Bourin, 1989.

16. Serge Moscovici résume en une formule saisissante le constat, à l'époque pour lui positif, du saut « historique », et non « généalogique », provoqué par les développements de la technique : « L'exercice de nos capacités, écrit-il, n'est plus l'exercice exclusif de quelque chose qui est fixé en nous (...). Il s'associe des organisations et des structures où sont condensées des lois et des règles susceptibles d'être enregistrées et confrontées sur une grande échelle sans réfé-

rence directe à la constitution humaine. » *Essais sur l'histoire humaine de la nature, op. cit.*, p. 449. La tendance trouve son expression la plus extrême dans le discours tenu sur l'intelligence artificielle. Citons, en manière de réflexion critique, ce passage du philosophe Jean-Michel Besnier : « Ce que la métaphysique rêvait d'accomplir — à savoir : une déduction intégrale de la réalité à partir du seul concept —, l'IA paraît devoir le réaliser. Jean-Pierre Dupuy le suggère (...) : l'IA milite, selon lui, en faveur d'une déconstruction de la subjectivité et cherche, à sa manière, à donner une réalité au "processus sans sujet" par lequel le structuralisme voulait traduire la mort de l'homme. » In *Esprit*, n° 3, 1992.

17. Karl R. Popper, *La logique de la découverte scientifique*, Payot, 1982.

18. Marcel Czermack et Henry Frignet montrèrent, à propos de l'arrêt de la Cour de cassation du 11 décembre 1992, légalisant le changement de sexe, comment le juridique lui-même se trouvait engagé dans l'illusion d'une maîtrise totale du réel par la science : « De tels gestes et jugements ne peuvent qu'inciter davantage l'individu à l'abandon de ses repérages symboliques au profit de ceux, imaginaires, que la loi du grand nombre dicte, sous couvert d'une extension "humaniste" de l'éthique. » « Quel sexe voulez-vous ? » in *Libération* du 7 novembre 1993.

X

ENTRE NOS MAINS TOUJOURS,
CE FRAGILE DESTIN

La pulsion de mort se déduit plus de ses effets qu'elle ne se laisse isoler par l'observation clinique. Cela tient, sans doute, au fait que la nature de cette pulsion ne peut être saisie qu'au moyen d'un concept charnière, oscillant entre une représentation théorique du réel dont la pertinence est seulement d'ordre déductif et l'identification d'une des qualités les plus massives de ce réel par un acte de nomination. Aussi n'est-il pas étonnant qu'à évoquer la pulsion de mort on puisse se voir passer du déterminisme le plus appuyé au fantasme qui en soutiendrait l'expression. Cette difficulté se trouve encore accrue lorsqu'il est question d'aborder la pulsion de mort sous l'angle des interactions de son travail entre le social et l'individuel.

Cette entreprise fut pourtant celle de Freud écrivant *Malaise dans la civilisation* quelques années après avoir fait émerger la pulsion de mort de manière curieusement latérale à la mise en place des trois instances de la seconde topique. Ce texte inspira certainement Lacan qui sut lui faire écho à de nombreuses reprises, tout en en modernisant la problématique. Que le sujet soit « sujet de la science », par exemple, s'ébauchait déjà dans *Malaise* sous la forme des introjects culturels participant au sur-moi. Au pessimisme freudien fondé sur l'inéluctable résurgence des forces du Ça venait alors succéder, dans la foulée du structuralisme, la mise à plat d'un humanisme, réduit au combat, aussi douteux qu'incertain en ses fondements, de la « belle âme » contre les démons instinctuels, au bénéfice des lois répétitives, alternantes et acéphales de la structuration symbolique.

Les repères quantitatifs et qualitatifs, prévalant dans la métapsychologie freudienne, se trouvèrent relégués au second plan par rapport à un mode d'évaluation des déterminations du sujet procédant de la fonction distributive d'alternances auxquelles le *signifiant*, de par son caractère arbitraire, venait confirmer la valeur de hasard. Néanmoins, dans un mouvement d'opposition interne au déplacement, par lui-même effectué, des repères freudiens, Lacan tentait de rétablir une économie du désir re-fondatrice de la permanence d'un sujet dont l'existence était amenée à disparaître.

Il est trop tôt pour dire si le travail effectué par Lacan sera reconnu pour sa valeur historique. C'est pourtant par rapport à l'évolution de notre civilisation qu'il mérite d'être considéré. En effet la nouvelle théorie du sujet s'avérera peut-être un jour l'ultime tentative pour asseoir la subjectivité en opposition aux tropismes de la pulsion de mort à l'œuvre dans la modernité.

Au cours de cet essai nous avons tenté un repérage de cette pulsion et de ses formes, sans prétendre à une impossible exhaustivité. Pour l'essentiel, nous avons tenu à marquer que sa désignation — pulsion de mort — héritée de Freud, privilégiait l'idée de destruction au détriment du but conservateur et de la direction régressive qui lui sont inhérents.

C'est parce qu'il existe une tendance fondamentale à la réduction des tensions — pulsion d'homéostase — que les mécanismes de sa mise en œuvre sont actualisés par le choc traumatique à partir duquel s'enclenche le mécanisme de la répétition.

La répétition comme résultante de la réaction homéostasique au trauma domine la scène humaine. C'est à partir de cette réaction que se forme le soubassement de l'Inconscient dans ses aspects aussi bien phylogénétiques qu'ontogénétiques et individuels. Les évolutions sociales, politiques et culturelles sont elles-mêmes des figures de ce « destin ».

Dans cette lutte incessante que nécessite le maintien de la Civilisation, il appartient à la conscience — ou comme l'exprimait Freud, à la « dictature de la raison » — de veiller à ce que les traumas subis inévitablement par l'humanité n'engagent aveuglément cette dernière dans les voies déplacées et sans retour d'une pulsion réduite à la mort.

BIBLIOGRAPHIE

Axelos, Kostas
« Lucien Sebag. Entre le marxisme, le freudisme et le structuralisme », in *Aletheia*, mai 1966.

Baker, G.P.
Annibal, trad. capitaine A. Lageix, Payot, 1952.

Barrois, Claude
Les névroses traumatiques, Dunod, 1993.

Benjamin, Walter
« Thèses sur la philosophie de l'histoire », 1940, in *Essais* II, Denoël-Gonthier, p. 197.

Changeux, Jean-Pierre
L'homme neuronal, Fayard, 1983.

Danchin, Antoine
« L'inné et l'acquis, une théorie sélective de l'apprentissage », in *La Recherche en neurobiologie*, Le Seuil, 1977.

David-Neel, Alexandra
Mystiques et magiciens du Tibet, Plon, 1929.

Edelman, Gerald M.
Biologie de la conscience, Odile Jacob, 1992.

Ertel, Rachel
Dans la langue de personne, Seuil, 1993.

Ferenczi, Sandor
Journal clinique, Payot, 1985.
Œuvres complètes, Payot, 1968-1982.

Freud, Sigmund
La Naissance de la Psychanalyse, P.U.F., 1956.

– « La sexualité dans l'étiologie des névroses », 1898.
– « Mes vues sur le rôle de la sexualité dans l'étiologie des névroses », 1905.
– « La psychanalyse des névroses de guerre », 1919.
In *Résultats, idées, problèmes*, t. I., P.U.F., 1984.

– « La négation ».
– « L'analyse avec fin et l'analyse sans fin ».
In *Résultats, idées, problèmes*, t. II, trad. J. Laplanche, P.U.F., 1985.

– « L'hérédité et l'étiologie des névroses », 1896.
– « L'étiologie de l'hystérie », 1896.
– « Le problème économique du masochisme », 1924.
In *Névrose, psychose et perversion*, P.U.F., 1973.

Vue d'ensemble des névroses de transfert, trad. P. Lacoste, Gallimard, 1985.
« L'inconscient », in *Métapsychologie*, Gallimard, Idées, 1968.
Totem et tabou, trad. Marielène Weber, Gallimard, Connaissance de l'Inconscient, 1993.
Inhibition, symptôme et angoisse, P.U.F., 1973.
Introduction à la psychanalyse, Payot, 1974.
« Le moi et le Ça », « Au-delà du principe du plaisir », trad.

Bibliographie

J. Laplanche, in *Essais de psychanalyse*, nouvelle traduction, Payot, 1981.

Malaise dans la civilisation, trad. Ch. et I. Odier, *R.F.P.*, t. XXXIV, 1970.

Nouvelles conférences sur la psychanalyse, trad. Anne Berman, Gallimard, 1936.

Nouvelles conférences d'introduction à la psychanalyse, trad. R.M. Zeitlin, Gallimard, 1984.

L'Homme Moïse et la religion monothéiste, trad. Cornélius Heim, Gallimard, Connaissance de l'Inconscient, 1986.

Abrégé de psychanalyse, P.U.F., 1949.

Psychopathologie de la vie quotidienne, PBP, 1981.

Gracq, Julien

La littérature à l'estomac, José Corti, 1950.

Un balcon en forêt, José Corti, 1958.

Green, André

Le discours vivant, P.U.F., 1973.

Narcissisme de vie, narcissisme de mort, Minuit, 1992.

« La remémoration : effet de mémoire ou temporalité à l'œuvre ? » in *R.F.P.*, n° 4, 1990.

Habermas, Jürgen

Martin Heidegger, Le Cerf, 1988.

Heidegger, Martin

Essais et conférences, Gallimard, 1958.

« La parole d'Anaximandre », in *Chemins qui ne mènent nulle part*, Gallimard, Idées, 1980.

Heisenberg, Werner

La nature dans la physique contemporaine, Gallimard, Idées, 1962.

Hulin, Michel

La mystique sauvage, P.U.F., Perspectives critiques, 1993.

Jaulin, Robert
La mort sara, Plon, 1967 ; 10/18, 1971.

Jones, Ernest
La vie et l'œuvre de Sigmund Freud, P.U.F., 1958.

Kammerer, Th.
« Réflexions sur le traumatisme psychique », in *Evolution psychiatrique*, 1967, t. XXXII.

Lacan, Jacques
« Proposition du 9 octobre 1967 sur le psychanalyste de l'école », *Scilicet* n° I, Le Seuil, 1970.
De la psychose paranoïaque dans ses rapports avec la personnalité, Le Seuil, 1975.
Le Séminaire, Livre I. *Les Ecrits techniques de Freud*, Le Seuil, 1975.
Le Séminaire, Livre VII, *L'éthique de la psychanalyse*, Le Seuil, 1986.
Le Séminaire, Livre XI. *Les quatre concepts fondamentaux de la psychanalyse*, Le Seuil, 1973.
Ecrits, Le Seuil, 1966.

Leclaire, Serge
Psychanalyser, Le Seuil, 1968.
Démasquer le réel, Le Seuil, 1971.
On tue un enfant, Le Seuil, 1975.
Le Pays de L'Autre, Le Seuil, 1991.
Documents A.P.U.I., 1992.

Lévy, Bernard-Henri
La barbarie à visage humain, Grasset, 1977.

Lyotard, Jean-François

Heidegger et « les juifs », Galilée, 1988.

Major, René
De l'élection, Aubier, La psychanalyse prise au mot, Paris, 1986.

Moscovici, Marie
Il est arrivé quelque chose, Petite Bibliothèque Payot, 1991.

Moscovici, Serge
Essai sur l'histoire humaine de la nature, Flammarion, Champs, 1977.

Nacht, Sacha
La présence du psychanalyste, P.U.F., 1963.
« Instinct de mort ou instinct de vie », *R.F.P.*, n° 4, 1956.
Guérir avec Freud, Petite Bibliothèque Payot, 1971.

Neher, André
L'exil de la parole, Le Seuil, 1970.

Nolte, Ernst
Les Mouvements fascistes, Calmann-Lévy, 1969.
« Légende historique ou révisionnisme : Un passé qui ne veut pas passer », In *Devant l'Histoire*, Le Cerf, « Passage », 1988.

Petitot, Jean
« Psychanalyse et logique : plaidoyer pour l'impossible ». *Le lien social*, Documents Confrontation, 1981.

Popper, Karl R.
La logique de la découverte scientifique, Payot, 1982.

Ritvo, Lucile B.
L'ascendant de Darwin sur Freud, trad. P. Lacoste, Gallimard, Connaissance de l'inconscient, 1992.

Rousseau, Jean-Jacques
Essai sur l'origine des langues, G.F. Flammarion.

Thom, René
« La science malgré tout », in *Encyclopaedia Universalis*.
Modèles mathématiques de la morphogenèse, Bourgois, 1980.
Paraboles et catastrophes, Flammarion, Champs, 1983.

Vacquin, Monette
Frankenstein ou les délires de la raison, François Bourin, 1989.

Viderman, Serge
« De l'instinct de mort », in *Revue française de psychanalyse*, n° 1, t. XXV, 1961.

Vigée, Claude
Dans le silence de l'Aleph, Albin Michel, 1992.

COLLECTION « FIGURES »
DIRIGÉE PAR BERNARD-HENRI LÉVY

Les Aristocrates libertaires, *Manifeste*.
Jean-Paul Aron et Roger Kempf, *le Pénis et la Démoralisation de l'Occident*.
Dominique Auffret, *Alexandre Kojève*.
Jean Baudrillard, *la Gauche divine*.
Jean Baudrillard, *les Stratégies fatales*.
Jean-Marie Benoist, *la Révolution structurale*.
Claudie et Jacques Broyelle, *Apocalypse Mao*.
Claudie et Jacques Broyelle, *les Illusions retrouvées*.
Madeleine Chapsal, *Envoyez la petite musique*.
François Châtelet, Jacques Derrida, Michel Foucault, Jean-François Lyotard, Michel Serres, *Politiques de la philosophie* (textes réunis par Dominique Grisoni).
Catherine Clément, *le Goût du miel*.
Catherine Clément, *Les fils de Freud sont fatigués*.
Catherine Clément, *l'Opéra ou la Défaite des femmes*.
Catherine Clément, *la Syncope*.
Catherine Clément, *Vies et légendes de Jacques Lacan*.
Bernard Cohen, *Portes de Jérusalem*.
Annie Cohen-Solal, *Paul Nizan, communiste impossible*.
Christian Delacampagne, *Antipsychiatrie. Les voies du sacré*.
Galvano Della Volpe, *Rousseau et Marx*.
Jean-Toussaint Desanti, *Réflexions sur le Temps. Variations philosophiques 1*. Conversations avec Dominique-Antoine Grisoni.
Laurent Dispot, *la Machine à terreur*.
Laurent Dispot, *Manifeste archaïque*.
Jean-Paul Dollé, *Danser maintenant*.
Jean-Paul Dollé, *Fureurs de ville*.
Jean-Paul Dollé, *l'Odeur de la France*.
Jean-Paul Dollé, *Voie d'accès au paisir*.
Umberto Eco, *Lector in fabula*.
Luc Ferry et Alain Renaut, *Heidegger et les Modernes*.
Michel Guérin, *Lettres à Wolf ou la Répétition*.
Michel Guérin, *Nietzsche, Socrate héroïque*.
Gérard Haddad, *les Biblioclastes*.

Gérard Haddad, *Manger le livre.*
Heidegger et la question de Dieu (sous la direction de R. Kearney et J.S. O'Leary).
Jacques Henric, *la Peinture et le mal.*
Jacques Henric, *le Roman et le sacré.*
L'Identité, séminaire dirigé par Claude Lévi-Strauss, 1974-1975.
Christian Jambet, *Apologie de Platon.*
Christian Jambet et Guy Lardreau, *l'Ange.*
Christian Jambet et Guy Lardreau, *le Monde.*
François Jullien, *Figures de l'immanence.* Pour une lecture philosophique du Yi king.
Guy Konopnicki, *l'Âge démocratique.*
Guy Konopnicki, *l'Amour de la politique.*
Guy Lardreau, *la Mort de Joseph Staline.*
Michel Le Bris, *l'Homme aux semelles de vent.*
Michel Le Bris, *le Paradis perdu.*
Dominique Lecourt, *Bachelard. Le jour et la nuit.*
Emmanuel Levinas, *Entre nous. Essais sur le penser-à-l'autre.*
Emmanuel Levinas, *Dieu, la Mort, le Temps.*
Bernard-Henri Lévy, *la Barbarie à visage humain.*
Bernard-Henri Lévy, *Éloge des intellectuels.*
Bernard-Henri Lévy, *l'Idéologie française.*
Bernard-Henri Lévy, *le Testament de Dieu.*
Thierry Lévy, *le Crime en toute humanité.*
Claude Lorin, *l'Inachevé* (Peinture-Sculpture-Littérature).
Claude Lorin, *Pour saint Augustin.*
Jean-Luc Marion, *l'Idole et la distance.*
Anne Martin-Fugier, *la Bourgeoise.*
Anne Martin-Fugier, *la Place des bonnes.*
Jacques Martinez, *Moderne for ever.*
Gérard Miller, *Du père au pire.*
Philippe Muray, *la Gloire de Rubens.*
Sami Naïr, *Le Regard des vainqueurs. Les enjeux français de l'immigration.*
Philippe Nemo, *l'Homme structural.*
Michel Onfray, *l'Art de jouir.*
Michel Onfray, *Cynismes. Portrait du philosophe en chien.*
Michel Onfray, *la Sculpture de soi. La morale esthétique.*
Michel Onfray, *le Ventre des philosophes.*
Pasolini, séminaire dirigé par Antonietta Macciochi.

Françoise Paul-Lévy, *Karl Marx, histoire d'un bourgeois allemand*.
Philippe Roger, *Roland Barthes, roman*.
Philippe Roger, *Sade. La philosophie dans le pressoir*.
Guy Scarpetta, *l'Artifice*.
Guy Scarpetta, *Brecht ou le Soldat mort*.
Guy Scarpetta, *Éloge du cosmopolitisme*.
Guy Scarpetta, *l'Impureté*.
Michel Serres, *Zola. Feux et signaux de brume*.
Daniel Sibony, *l'Amour inconscient*.
Daniel Sibony, *Avec Shakespeare*.
Daniel Sibony, *Entre dire et faire*.
Daniel Sibony, *Jouissances du dire*.
Daniel Sibony, *la Juive : une transmission d'inconscient*.
Daniel Sibony, *Perversions*.
Bernard Sichère, *Éloge du sujet*.
Bernard Sichère, *Merleau-Ponty ou le Corps de la philosophie*.
Bernard Sichère, *le Moment lacanien*.
Alexandre Soljenitsyne, *l'Erreur de l'Occident*.
Philippe Sollers, *Vision à New York*.
Gilles Susong, *la Politique d'Orphée*.
Armando Verdiglione, *la Dissidence freudienne*.
Armando Verdiglione, *Fondation de la psychanalyse. I. Dieu*.
Armando Verdiglione, *la Conjuration des idiots*.
Giambattista Vico, *Vie de Giambattista Vico écrite par lui-même*.
Claude Vigée, *l'Extase et l'Errance*.
Claude Vigée, *le Parfum et la Cendre*.
Elie Wiesel, *Signes d'exode*.

www.ingramcontent.com/pod-product-compliance
Lightning Source LLC
LaVergne TN
LVHW010532060726
842525LV00013B/3083